江苏省高级人民法院公报

GAZETTE OF THE HIGHER PEOPLE'S COURT OF JIANGSU PROVINCE

江苏省高级人民法院　编

法 律 出 版 社

——北　京——

图书在版编目(CIP)数据

江苏省高级人民法院公报. 2022年. 第2辑 : 总第80辑 / 江苏省高级人民法院编. -- 北京 : 法律出版社, 2022

ISBN 978-7-5197-6725-9

Ⅰ. ①江… Ⅱ. ①江… Ⅲ. ①法院-文件-汇编-江苏-2022 Ⅳ. ①D926.229

中国版本图书馆CIP数据核字(2022)第074092号

江苏省高级人民法院公报
(2022年第2辑:总第80辑)
JIANGSUSHENG GAOJI RENMIN FAYUAN GONGBAO
(2022 NIAN DI-2 JI:ZONG DI-80 JI)

江苏省高级人民法院 编

责任编辑 冯高琼
装帧设计 汪奇峰 贾丹丹

出版发行 法律出版社
编辑统筹 法规出版分社
责任校对 张红蕊
责任印制 耿润瑜
经　　销 新华书店

开本 A4
印张 4.75　**字数** 96千
版本 2022年11月第1版
印次 2022年11月第1次印刷
印刷 三河市龙大印装有限公司

地址:北京市丰台区莲花池西里7号(100073)
网址:www.lawpress.com.cn
投稿邮箱:info@lawpress.com.cn
举报盗版邮箱:jbwq@lawpress.com.cn
销售电话:010-83938349
客服电话:010-83938350
咨询电话:010-63939796

书号:ISBN 978-7-5197-6725-9　**定价**:15.00元

凡购买本社图书,如有印装错误,我社负责退换。电话:010-83938349

江苏省高级人民法院公报

2022 年第 2 辑(总第 80 辑)

司法文件

审判动态

参阅案例

裁判文书

江苏省高级人民法院印发《关于开展“与个人破产制度功能相当试点”工作中若干问题解答》的通知

（苏高法〔2021〕225号　2021年12月6日）

各市中级人民法院、南京海事法院，徐州铁路运输法院、各基层人民法院：

为进一步加强对“与个人破产制度功能相当试点”工作的规范和引导，省法院研究制定了《关于开展“与个人破产制度功能相当试点”工作中若干问题解答》。现印发给你们。省法院确定的试点法院可参照《解答》制度适用于本辖区的实施办法，原试点做法与《解答》无原则性冲突的可继续适用。

关于开展“与个人破产制度功能相当试点”工作中若干问题解答

为深入开展“与个人破产制度功能相当试点”工作，促进确无履行能力的诚信被执行人个人依法有序退出民事执行程序，根据《最高人民法院关于深化执行改革健全解决执行难长效机制的意见——人民法院执行工作纲要（2019—2023）》，依照《中华人民共和国民事诉讼法》等法律、司法解释，参照《中华人民共和国企业破产法》等法律规定，结合我省法院实际，就试点中相关问题作如下解答。

一、基本要求

1. 什么是“与个人破产制度功能相当试点”工作？试点工作应当遵循什么样的原则和方针？

答：与个人破产制度功能相当试点，是依据《最高人民法院关于深化执行改革健全解决执行难长效机制的意见——人民法院执行工作纲要（2019—2023）》，在民事执行程序中，人民法院根据申请，依照有关财产调查、参与分配、执行和解、失信惩戒等法律规定，参照企业破产法相关原则和精神，促成债权人与被执行人达成和解并同意对其免责，在免责考察期届满后终结执行，以促进确无履行能力的诚信被执行人个人重新恢复正常生产、生活能力的一项工作。为表述方便，以下称类个人破产程序。适用该程序的被执行人个人以商事主体为主，其他符合条件的被执行人个人可以参照适用。

类个人破产程序应当遵循依法依规、诚实信用、公平清偿、利益衡平、公正高效的原则，贯彻循序渐进、逐步推开、宽进严出的工作方针。

二、申请

2. 申请适用类个人破产程序应当提供哪些材料？

答：被执行人或者被执行人的债权人向人民法院申请适用类个人破产程序的，应当提交申请书。申请书应当载明以下事项：

（1）申请人的基本情况；

（2）申请事项；

（3）申请的事实和理由。

被执行人提出申请的，还应提交以下申请材料：

（1）被执行人（含配偶和未成年子女）财产及收入状况报告；

（2）债权债务明细；

（3）申请之日前两年内被执行人单次超过一万元支出的财产变动情况；

（4）请求保留的豁免财产清单；

（5）人民银行征信报告等个人信用证明材料；

（6）诚信承诺书；

（7）申请人有收入来源且超过维持其本人及其扶养家庭成员基本生活水平的，应当提交债务清偿计划。

债权人提出申请的，还应当提交到期债权证明及被执行人不能清偿到期债务的相关材料。

申请人提供虚假申请材料的，人民法院可以根据情节轻重对其予以罚款、拘留。

3. 申请人撤回申请的，应当如何处理？

答：申请人以书面形式撤回申请的，人民法院经审查认为不损害其他当事人合法权益的，应当裁定准许。申请人无正当理由在裁定准予撤回申请之日起一年内再次就相同被执行人提出申请的，人民法院应当裁定不予受理。

三、受理

4. 人民法院对类个人破产程序如何进行立案审查？

答：人民法院收到申请后，应当于五日内移送立案部门以“执个”案号立案，经执行机构审查符合以下条件的，应当于收到申请之日起三十日内作出受理裁定：

（1）被执行人为在江苏省居住且参加江苏省社会保险连续满三年的个人；

（2）被执行人资产不足以清偿全部债务或者明显缺乏清偿能力；

（3）申请人为被执行人、对被执行人单独或者共同享有10万元以上到期债权的债权人；

（4）申请向被执行人住所地、经常居住地、缴纳社会保险所在地基层人民法院提出。上述法院无被执行人执行案件的，向有权主持参与分配的法院提出；

(5)申请人提交符合本解答要求的申请书和申请材料。

被执行人的配偶同为法院被执行人的，可以合并提出申请。

两个以上符合条件的人民法院收到针对同一被执行人的申请的，由最先立案的人民法院启动类个人破产程序。

5. 哪些情形下，人民法院应当直接裁定不予受理类个人破产程序？

答：人民法院经审查认为被执行人有下列情形之一的，应当裁定不予受理：

(1)债务因故意违法犯罪、赌博、挥霍消费等不良行为产生；

(2)有履行能力而拒不履行生效法律文书确定义务；

(3)以伪造证据、暴力、威胁等方法妨碍案件审理、抗拒执行；

(4)以虚假诉讼、虚假仲裁或者以隐匿、转移财产、放弃债权、虚构债务等方法妨害诉讼、规避执行；

(5)违反限制消费令；

(6)存在无正当理由拒不履行执行和解协议等违反诚实信用原则的情形；

(7)在江苏省辖区外有作为被告、被执行人或者被申请人的应负或者可能应负金钱给付义务的诉讼、执行、仲裁、公证债权案件；

(8)有作为被告、被申请人的可能应负金钱给付义务的正在审理中的诉讼、仲裁、公证债权案件，上述案件在签订债务清偿和解协议前形成生效法律文书的除外；

(9)被执行人有其他数额较大债务可能进入诉讼、仲裁、公证等法律程序；

(10)不符合本解答第4条受理条件的。

因第(1)至(6)项情形裁定不予受理之日起三年内，申请人再次提出申请的，无论是否符合受理条件，人民法院均应当裁定不予受理。

6. 立案受理后，人民法院应当如何对被执行人是否符合类个人破产程序适用条件进行审查？

答：人民法院审查时应当听取债权人的意见，重点对被执行人的财产状况、债务申报情况、有无失信行为、有无违反诚实信用原则等情况进行审查，必要时可以组织听证。人民法院可以向被执行人所在社区或者单位、税务机关、信用管理部门送达申请书副本并征询意见。

债权人认为被执行人提供的财产及收入状况说明不实或者认为被执行人存在本解答第5条所列情形的，应当及时向人民法院提出。人民法院经审查存在上述情形的，裁定终结类个人破产程序。

7. 被执行人其他执行案件如何处理？

答：进入类个人破产程序的被执行人有尚未执行完毕的在办执行案件或者有财产尚未处置的终结本次执行案件在省内其他法院的，受理申请法院应当在受理裁定作出后，书面通知已知执行法院中止对进入类个人破产程序被执行人的执行，并可以报请共同的上级法院将相关案件指定至该院集中执行。执行法院收到通知后应当中止执行；执行案件符合终结本次执行程序条件的，可以裁定终结本次执行程序。

被执行人名下财产已经进入变价程序的，经受理申请法院同意，执行法院可以继续处置，但不得对变价款进行分配和交付。

8. 人民法院受理类个人破产申请后，被执行人应当履行什么义务？

答：人民法院受理申请后，被执行人应当履行下列义务：

（1）妥善保管其占有和管理的财产以及相关资料，并根据人民法院、管理人要求及时完整移交；

（2）根据人民法院、管理人的要求进行工作；

（3）根据《最高人民法院关于民事执行中财产调查若干问题的规定》第五条至第七条的规定报告财产情况；

（4）列席债权人会议并如实回答债权人的询问；

（5）及时向人民法院或者管理人报告个人通讯方式、住所地变化情况。

第（1）至（3）项适用于被执行人的近亲属、利害关系人。

被执行人及其近亲属、利害关系人未履行上述义务的，人民法院可以裁定终结类个人破产程序，符合恢复执行条件的，恢复原生效法律文书的执行，并根据情节依法对被执行人及其他当事人采取罚款、拘留等措施，构成犯罪的，依法追究刑事责任。

9. 被执行人有个别清偿行为如何处理？

答：人民法院受理申请后，被执行人不得对个别债权人的债务予以清偿，但符合下列情形之一的除外：

（1）被执行人为维持日常基本生活需要支付的费用；

（2）个别清偿行为使被执行人财产受益的。

被执行人违反规定进行个别清偿的，人民法院应当裁定终结类个人破产程序，符合恢复执行条件的，恢复原生效法律文书的执行。

四、管理人

10. 类个人破产程序如何指定管理人？

答：人民法院经审查认为被执行人符合类个人破产程序适用条件的，可以指定管理人。被执行人以个人名义借款实际用于公司经营或者为公司债务提供担保，该公司已经进入破产程序的，一般由企业破产案件的管理人担任类个人破产程序管理人；其他管理人参照《最高人民法院关于审理企业破产案件指定管理人的规定》予以指定。

案情简单、被执行人债务及财产较少且无需代表被执行人参加诉讼等其他法律程序的，可以不指定管理人，由类个人破产案件承办人承担管理人职责。

11. 管理人的职责有哪些？如何确定管理人报酬？

答：管理人履行下列职责：

（1）接管被执行人的财产以及相关资料；

（2）通知已知符合条件的债权人申报债权，接受债权申报、进行审查并提交债权人会议核查；

（3）调查被执行人财产状况，制作财产状况报告；

(4)监督被执行人的日常开支和其他必要开支；

(5)管理和处分被执行人的财产；

(6)经被执行人授权后，代表被执行人参加诉讼、仲裁或者其他法律程序；

(7)提议召开债权人会议；

(8)拟定被执行人财产变价方案、财产分配方案；

(9)协商被执行人并提出债务清偿和解方案；

(10)监督被执行人履行债务清偿和解协议以及免责考察期内的行为；

(11)提请终结类个人破产程序；

(12)人民法院认为管理人应当履行的其他职责。

有条件的地区可以吸纳被执行人所在基层组织的网格员参与类个人破产程序。经人民法院审查批准，网格员可以协助下列事项：

(1)调查被执行人日常基本生活情况；

(2)监督被执行人是否存在转移财产、恶意逃避债务、虚假陈述、提供虚假证据等不诚信行为；

(3)监督被执行人履行债务清偿和解协议以及免责考察期内的行为；

(4)人民法院或管理人要求网格员协助的其他事项。

管理人报酬参照最高人民法院《关于审理企业破产案件确定管理人报酬的规定》执行。各级法院可以协调当地主管部门，将破产专项基金使用范围扩大至用于支付类个人破产程序管理人报酬。类个人破产案件承办人承担管理人职责的，不支付报酬。网格员的报酬由管理人根据工作量提出书面意见，报人民法院审核确定。

五、债权人会议

12. 人民法院通知已知债权人的方式和事项包括哪些？

答：人民法院应当自通知执行法院中止执行之日起十日内，通知已知债权人，并予以公告。通知和公告应当载明下列事项：

(1)对类个人破产程序进行简要释明；

(2)被执行人姓名、身份证、其他有效证件号码；

(3)人民法院立案受理的时间；

(4)申报债权的债权人应当已经取得生效执行依据或对被执行人的财产有优先权、担保物权；

(5)申报债权的期限、地点和注意事项；

(6)被执行人的债务人或者财产持有人应当清偿债务或者交付财产的要求；

(7)第一次债权人会议召开的时间和地点；

(8)管理人或者承担管理人职责的类个人破产案件承办人的姓名、名称及联系方式；

(9)人民法院认为应当通知或者公告的其他事项。

债权申报期限自受理申请公告之日起计算，最短不少于三十日，最长不超过六十日。债权人应当在公告确定的债权申报期限内申报债权。

13. 债权人会议应当如何召开?

答:人民法院应当在债权申报期限届满后十五日内召集召开第一次债权人会议,并提前七日通知债权人。债权人会议可以通过网络会议或者书面形式召开。被执行人财产少、债权人数量少于三人且争议不大的案件,可以不召开债权人会议,直接征询债权人意见。

申报债权的债权人有权参加债权人会议,案件承办法官或管理人应当于会议上告知债权人下列事项:

(1)被执行人财务状况报告;

(2)被执行人保留的豁免财产清单;

(3)被执行人财产的管理方案;

(4)现有财产变价方案;

(5)现有财产的分配方案。

债权人对第(1)(3)(4)项内容有异议并说明理由的,管理人应当作出说明或修正;债权人对第(5)项内容有异议并说明理由的,可以按照《民事诉讼法司法解释》第五百一十一条、第五百一十二条的规定寻求救济。

14. 类个人破产程序审查过程中,人民法院立案受理被执行人新的执行案件的,应当如何处理?

答:人民法院在第一次债权人会议召开后、债务清偿和解协议及被执行人免责预同意书签订前受理的执行案件,当事人申报债权的,受理类个人破产程序法院应当对被执行人是否故意隐瞒该债权进行审查。如存在故意隐瞒情形的,裁定终结类个人破产程序。如不存在故意隐瞒情形的,可以再行召开债权人会议。

15. 被执行人的豁免财产如何确定?

答:《最高人民法院关于人民法院民事执行中查封、扣押、冻结财产的规定》第三条规定的财产,被执行人可以保留。被执行人请求保留上述规定以外财产的,应当由出席债权人会议有表决权的债权人过半数同意,并且其所代表的债权额占无财产担保债权总额的三分之二以上通过。

六、和解

16. 债务清偿和解协议主要内容和表决规则是什么?

答:被执行人应当在债权人会议上提交债务清偿和解方案,载明下列事项:

(1)债权基本情况;

(2)债务清偿期限与方法。分期清偿的履行期一般不得超过五年,超过五年的应当具有可行性;

(3)债务清偿比例;

(4)权利恢复请求;

(5)有利于债务清偿的其他方案。

债权人会议可以采用双重表决规则,即先由全体债权人一致同意通过表决规则,再根据通过的表决规则对各事项进行表决。经表决同意债务清偿和解方案后,债权人签订债务清偿和解协议及被执行人免责预同意书。

债务清偿和解方案经债权人会议两次表决未通过的,人民法院应当裁定终结类个人破产程序。

17. 被执行人财务状况或者生活条件出现巨大变化时如何处理?

答:被执行人财务状况或者生活条件

意外恶化导致不能继续履行原和解协议的,或者被执行人在债务清偿和解协议履行期间或免责考察期内获得大额资产的,管理人、债权人及被执行人可以申请重新议定债务清偿和解方案。

重新议定的债务清偿和解方案经债权人会议两次表决未形成一致意见,经管理人或者债权人请求,人民法院应当裁定终结类个人破产程序,符合恢复执行条件的,恢复原生效法律文书的执行。

类个人破产程序期间和免责考察期内,出现《中华人民共和国民事诉讼法》第二百五十七条情形的,人民法院应裁定终结类个人破产程序,并裁定执行案件终结执行。

18. 债务清偿和解协议履行完毕后如何处理?

答:债务清偿和解协议履行完毕的,经管理人或者被执行人请求,人民法院应当裁定终结类个人破产程序。

为了防止出现超长期积案,债务清偿和解协议确定的履行期超过六个月的,人民法院可以以"达成和解"方式对类个人破产案件结案,相关执行案件可以依据《最高人民法院关于进一步规范近期执行工作相关问题的通知》相关规定终结执行。

类个人破产案件结案后,出现类个人破产程序终结情形的,应当以"执个恢"案号恢复类个人破产程序,并裁定终结类个人破产程序。

19. 被执行人不履行债务清偿和解协议如何处理?

答:被执行人有能力履行但不履行债务清偿和解协议的,经管理人或者债权人申请,人民法院应当裁定终结类个人破产程序,符合恢复执行条件的,恢复原生效法律文书的执行。

七、分配

20. 被执行人的财产如何处置?应当按照什么顺序分配?

答:被执行人财产变价处置应当通过网络拍卖进行,但是债权人会议另有决议的除外。

对债务人的特定财产享有担保物权等优先权的权利人,对该特定财产享有优先受偿的权利。

被执行人财产在优先清偿类个人破产程序费用和共益债务后,其他债务依照下列顺序清偿:

(1)被执行人欠付的赡养费、抚养费、扶养费、劳动报酬以及人身损害赔偿款;

(2)欠缴税款;

(3)普通债权。

被执行人财产不足以清偿同一顺序债权的,按照比例分配。

21. 被执行人财产分配完毕后类个人破产程序如何处理?

答:被执行人无收入来源,或者虽有收入来源但维持其本人及扶养家庭成员基本生活后无剩余的,其财产分配完毕,经债权人会议表决通过,并签订被执行人免责预同意书后,人民法院可以裁定终结类个人破产程序。

22. 被执行人无财产可供分配的类个人破产程序如何处理?

答:被执行人无财产可供执行,且无预期收入或者预期收入不足以维持其基本生活的,经债权人会议表决通过并签订被执行人免责预同意书后,人民法院经审查确认可以裁定终结类个人破产程序。

23. 被执行人的保证人和连带被执行人是否需要继续承担后续责任?

答:被执行人的保证人以及与被执行人承担连带债务的其他被执行人,对债权人经过类个人破产程序未受清偿的债权,继续承担清偿责任。

八、免责

24. 被执行人如何申请免除债务?

答:依照本解答第 18 条履行完毕债务清偿和解协议和第 21 条、第 22 条裁定终结类个人破产程序后,被执行人免责考察期届满的,被执行人可以向人民法院申请免除剩余债务。

被执行人申请免除剩余债务的,管理人应当向法院出具考察报告以及是否同意的书面报告。

对申请免除剩余债务的,人民法院应当严格审查并充分尊重债权人的意思自治。经人民法院裁定免除剩余债务的,对被执行人的行为限制、信用惩戒予以解除,相关执行案件依照《中华人民共和国民事诉讼法》第二百五十七条第(六)项的规定裁定终结执行。

25. 免责考察期如何确定?

答:被执行人符合下列情形之一的,视为免责考察期届满:

(1)清偿全部债务的,自债务全部清偿之日;

(2)债务清偿率达到 80% 以上的,自裁定终结类个人破产程序之日起满半年;

(3)债务清偿率达到 60% 以上不足 80% 的,自裁定终结类个人破产程序之日起满一年;

(4)债务清偿率达到 30% 以上不足 60% 的,自裁定终结类个人破产程序之日起满二年;

(5)债务清偿率达到 20% 以上不足 30% 的,自裁定终结类个人破产程序之日起满三年;

(6)债务清偿率达到 10% 以上不足 20% 的,自裁定终结类个人破产程序之日起满四年;

(7)债务清偿率不足 10% 的,自裁定终结类个人破产程序之日起满五年。

债务清偿和解协议履行完毕后,被执行人自愿履行未清偿债务的,应当按照原债务清偿比例追加分配。自愿履行的金额与和解协议中已履行的金额合并计算后,可以相应缩短免责考察期。

26. 被执行人在免责考察期内的行为有何限制? 如何监督?

答:被执行人在免责考察期内不得从事《最高人民法院关于限制被执行人高消费及有关消费的若干规定》第三条第一款第(二)至(八)项规定的行为,但债权人会议另有决议的除外。

在免责考察期内,被执行人应当每半年向管理人或者管理人指定的网格员报告个人收入、开支、财产等情况,管理人应当就被执行人财产状况、阶段个人信用情况、履行债务清偿和解协议情况等形成书面报告告知债权人并报告人民法院。

人民法院应当建立进入类个人破产程

序诚信被执行人个人名录，定期在人民法院网站、微信公众号等相关媒体公布，对依照本解答启动类个人破产程序的被执行人进行公示。被执行人在免责考察期届满前，应当受到行为限制，接受社会监督。

27. 被执行人不得免除的债务有哪些？

答：被执行人欠缴税款不得免除。

人民法院裁定免除剩余债务的，被执行人对以下债务应当继续清偿，但债权人同意减免的除外：

（1）被执行人因故意侵权行为产生的人身损害赔偿债务；

（2）被执行人因履行法定抚养、扶养、赡养义务的费用；

（3）因不可归责于债权人的事由导致该债权人未申报债权，被执行人对该债权清偿数额未达到已申报债权受偿比例的部分；

（4）法律、司法解释规定的其他应当继续清偿的债务。

28. 类个人破产程序中，相关主体违反相应义务的，需要承担哪些法律责任？

答：免责考察期间或者免责考察期届满后五年内，发现被执行人存在本解答第5条、第8条规定情形的，人民法院应当依职权或者依管理人、债权人的申请撤销债务免除裁定，并根据情节对被执行人依法采取罚款、拘留等措施，涉嫌犯罪的，依法追究其刑事责任。被执行人应当按照原债务继续清偿。

管理人怠于履行或者不当履行职责的，由人民法院责令改正，并可以采取降低管理人报酬、依职权更换管理人等措施。管理人与他人恶意串通，妨害类个人破产程序和执行程序正常进行的，人民法院可以依法予以训诫、罚款、拘留；构成犯罪的，依法追究刑事责任。

江苏省高级人民法院　江苏省市场监督管理局关于印发《关于做好破产企业登记事项办理优化营商环境的实施意见》的通知

（苏高法〔2021〕204号　2021年11月16日）

各市中级人民法院、南京海事法院，各市市场监督管理局、行政审批局：

为进一步做好破产企业登记事项办理，提升办理效率，降低办事成本，推动全省营商环境持续优化向好，省法院与省市场监管局共同制定《关于做好破产企业登记事项办理优化营商环境的实施意见》。现将实施意见印发给你们，请认真组织学习，抓好贯彻落实。

关于做好破产企业登记事项办理优化营商环境的实施意见

为贯彻落实国家发展和改革委员会、最高人民法院、国家市场监督管理总局等联合印发的《关于推动和保障管理人在破产程序中依法履职进一步优化营商环境的意见》(发改财金规〔2021〕274号),进一步做好破产企业登记事项办理,提升办理效率,降低办事成本,推动全省营商环境持续优化向好,结合我省企业破产处置工作实际,制定本实施意见。

一、支持管理人依法履职

1. 建立支持管理人依法履职工作机制。市场监管部门(包括市场主体登记机关,下同)应当按照法律、行政法规的规定,积极支持和配合管理人依法履行接管、调查、管理、处分破产企业财产等职责,建立和完善与支持管理人依法履职要求相配套的工作机制。

2. 强化管理人身份认同。管理人经办人员可以持人民法院受理破产申请裁定书、指定管理人决定书以及经办人员授权委托手续、有效身份证件,向市场监管部门申请办理破产企业档案查询、变更登记、注销登记、备案登记等手续。

3. 支持对破产企业持有股权的解封。市场监管部门应当依据破产法院或原查封法院出具的解除保全裁定书以及协助执行通知书,解除人民法院对破产企业持有股权的查封。

保全措施解除后,破产法院应当及时通知原采取保全措施的法院。破产申请受理后,破产法院裁定驳回破产申请的,应当及时通知原采取保全措施的法院按照原保全顺序恢复保全措施。

二、规范破产企业变更登记

4. 严格破产企业变更登记。在人民法院受理破产申请后,破产清算程序终结前,或者破产重整、破产和解程序终止前,除经破产法院通知或者管理人申请,市场监管部门不予办理破产企业登记事项变更或相关备案业务。

5. 依法办理破产企业股东变更登记。根据人民法院裁定批准的破产重整计划,需要办理破产重整企业股东登记事项变更,但因企业原股东持有的股权已被质押或被法院查封,管理人无法申请办理股东变更登记的,破产法院可以采取出具协助执行通知书的方式,通知市场监管部门协助解除查封、涤除质押,并办理股权变更登记。查封解除或者质押涤除后,破产法院应当及时将有关情况告知质押权人和原采取保全措施的法院。

6. 建立破产企业相关人员任职限制登记制度。企业董事、监事、高级管理人员违反忠实勤勉义务,未履职尽责,致使所在企业破产，被人民法院判令承担相应责任的，管理人可以持生效法律文书，向市场监管部门申请对相关人员的任职资格限制进行登记。

三、落实破产企业简易注销制度

7. 破产企业简易注销制度适用范围。人民法院依法裁定宣告破产并终结破产程序的企业及其分支机构的注销，适用简易注销制度。

8. 明确申请材料要求。管理人申请办理破产企业及其分支机构简易注销登记的，应当提供以下材料：

（一）企业注销登记申请书；

（二）人民法院终结破产程序裁定书原件；

（三）人民法院指定管理人决定书以及经办人员授权委托手续、有效身份证件。

9. 营业执照遗失的处理。申请办理简易注销的破产企业营业执照遗失的，通过国家企业信用信息公示系统免费发布营业执照作废声明或者在报纸刊登遗失公告后，可不再补领营业执照。

10. 破产企业股权被查封、质押情形下的企业注销登记。破产程序终结时，破产企业原股东持有的股权被质押或查封的，不影响管理人申请办理企业注销登记，市场监管部门应予办理。

四、推动实现信息互通共享

11. 建立破产案件信息动态共享机制和企业破产状态公示制度。破产申请受理后，人民法院应通过江苏法院破产平台及时向国家企业信用信息公示系统江苏地方频道推送有关企业破产程序启动、程序类型、程序终止、破产法院、管理人联系方式等信息，实现企业破产状态在两网之间的动态更新和实时公示。

12. 建立企业登记信息动态共享机制。市场监管部门应逐步推动市场主体登记信息与人民法院的动态共享，提升人民法院、管理人登记信息查询便利度。

五、推动破产制度实施

13. 加强破产法治宣传。人民法院和市场监管部门应当积极引导有经营前景的企业通过破产重整、破产和解程序，获得救治再生。对于应当退出市场的企业，应当积极引导及时退出市场，推动实现优胜劣汰。

14. 鼓励各地探索开展长期吊销未注销企业强制注销试点工作。对于长期吊销未注销的企业，属地市场监管部门可以作为申请人，向人民法院提出强制清算或者破产清算申请，符合受理条件的，人民法院应予受理，推动休眠企业依法退出市场。

六、附则

15. 省法院民二庭和省市场监管局登记注册指导处作为对口联络部门，开展日常沟通协调，定期召开联席会议，通报相关工作情况。

16. 强制清算案件，参照适用本实施意见。

17. 本实施意见自发布之日起施行。

江苏省高级人民法院　中国人民银行南京分行 中国银保监会江苏监管局 关于印发《关于做好破产企业金融事项办理 优化营商环境的实施意见》的通知

（苏高法〔2021〕221号　2021年12月3日）

各市中级人民法院、南京海事法院，人民银行南京分行营业管理部、江苏省各市中心支行，各银保监分局：

为进一步做好破产企业金融事项办理，推动困境企业重整再生，提升企业破产处置效果，依法保障金融机构权益，防范化解金融风险，持续优化我省营商环境，省法院与人民银行南京分行、江苏银保监局共同制定《关于做好破产企业金融事项办理优化营商环境的实施意见》。现将实施意见印发给你们，请认真组织学习，抓好贯彻落实。

关于做好破产企业金融事项办理 优化营商环境的实施意见

为贯彻落实国家发展改革委员会、最高人民法院、中国人民银行、中国银保监会等联合印发的《关于推动和保障管理人在破产程序中依法履职进一步优化营商环境的意见》（发改财金规〔2021〕274号），进一步做好破产企业金融事项办理，推动困境企业重整再生，提升企业破产处置效果，依法保障金融机构权益，防范化解金融风险，持续优化我省营商环境，结合我省企业破产处置工作实际，制定本实施意见。

一、支持管理人依法履职

1. 建立支持管理人依法履职工作机制。金融监管部门、金融机构应当按照法律、行政法规的规定，积极支持和配合管理人依法履行接管、调查、管理、处分破产企业财产等职责，建立和完善与支持管理人依法履职要求相配套的金融监管、金融服务工作机制。

2. 金融机构支持管理人依法履职。管理人可以向金融机构申请办理破产企业账户信息（含开户情况）、交易明细、冻结状态、质押情况等查询业务，以及破产企业账户资金划转、非正常户激活、账户注销等业务。金融机构应当予以配合并及时办理，无法当场办理的，应当告知具体办理时间。

3. 管理人账户开立。管理人可以向金融机构申请开立管理人账户。金融机构应当针对管理人账户的开立确定统一规程，在充分履行客户身份识别义务、确保风险可控的前提下，缩短账户开立周期，便利管理人操作使用。鼓励金融机构适当减免管理人账户开立、使用相关费用。

4. 管理人账户续期。管理人开立的临时存款账户期限根据管理人的申请设定，一次开户有效期最长不超过 2 年。管理人账户到期后需续期的，管理人有权申请续期，金融机构应当予以配合并及时办理。

5. 管理人账户注销。管理人申请注销管理人账户的，金融机构应当予以配合并及时办理。

6. 管理人证明材料。管理人经办人员可以持人民法院受理破产申请裁定书、指定管理人决定书以及管理人单位及其负责人身份证明，经办人员授权委托书、有效身份证件，向金融监管部门、金融机构申请办理有关业务。

二、支持破产程序有序推进

7. 支持破产程序推进。金融机构应当支持和鼓励金融机构债权人委员会等集体协商机制在企业破产过程中充分发挥协调、协商作用。鼓励金融机构进一步完善、明确内部管理流程，合理下放表决权限，促进金融机构债权人在破产程序尤其是重整程序、和解程序中积极高效地行使表决权。

8. 支持债权平等受偿。金融机构债权人应当依法处理与破产企业之间的债权债务关系，不得私自、违法扣划破产企业账户资金。金融机构债权人存在《中华人民共和国企业破产法》第十六条和第三十二条规定情形的，应将相关款项返还至管理人账户。

9. 支持破产企业账户解封。金融机构应当依据破产法院或原冻结法院出具的解除保全裁定书以及协助执行通知书，解除人民法院对破产企业账户的冻结。

保全措施解除后，破产法院应当及时通知原采取保全措施的法院。破产申请受理后，破产法院裁定驳回破产申请的，应当及时通知原采取保全措施的法院按照原保全顺序恢复保全措施。

10. 支持破产财产处置。鼓励金融机构按照市场化、法治化原则，为破产财产的拍卖成交提供融资支持，提升破产财产处置成功率。

三、支持破产企业重整再生

11. 推动企业重整。对于具有重整价值和可能性、符合国家产业政策的企业，鼓励金融机构债权人积极推动企业重组、预重整或重整、和解，促进困境企业重获新生。

12. 支持重整融资。鼓励金融机构按照市场化、法治化原则，对重整、和解企业提供信贷支持。鼓励符合条件的金融机构依法设立不良资产处置基金，参与企业重整、和解。

13. 支持信用修复。人民法院裁定批

准重整计划或重整计划执行完毕后，或者裁定认可和解协议或和解协议执行完毕后，债务企业或管理人可以凭人民法院出具的相应裁定书，通过人民银行在金融信用信息基础数据库中添加相关信息，及时反映企业重整、和解情况。鼓励金融机构对重整、和解后企业的合理融资需求参照正常企业依法依规予以审批，进一步做好重整、和解企业的信用修复。

四、依法保障金融机构合法权益

14.保障依法查询破产企业有关信息。人民法院受理破产申请后，应当及时在全国企业破产重整案件信息网上公布破产申请受理等信息，金融机构可以在该网站查询企业破产情况。

15.保障依法查阅破产企业有关资料。管理人应当为金融机构债权人查询债务人财产状况报告、债权表、债务人财务资料、资产评估报告、审计报告、债权人会议决议、债权人委员会决议以及重整计划草案等参与破产程序所必需的资料提供便利。金融机构债权人应当遵守相应的保密义务。人民法院应当督促管理人配合金融机构债权人查询上述资料。

16.保障对特定财产享有担保权的债权人利益。破产清算和破产和解程序中，对债务人特定财产享有担保权的金融机构债权人，可以随时向管理人主张就该特定财产行使优先受偿权，管理人应及时变价处置，在留存处置担保物对应的处置税款、费用等必要支出后，及时向金融机构债权人清偿。但因单独处置担保财产会降低其他破产财产的价值而应整体处置的除外。

破产重整程序中，对债务人特定财产享有担保物权的金融机构债权人对担保物的评估结论有异议的，可以向管理人提出异议，管理人应当及时作出答复。金融机构债权人对管理人答复仍有异议的，可以向人民法院提出异议。

17.保障实质合并破产程序中的知情权、异议权。对于拟实质合并破产的案件，人民法院应当以听证会等方式听取金融机构债权人的意见。金融机构债权人对实质合并破产裁定不服的，可以自裁定书送达之日起十五日内向受理法院的上一级人民法院申请复议。

18.保障重整计划草案制定过程中知情权、表达权。管理人在制定重整计划草案时，应当积极听取金融机构债权人的意见和诉求。人民法院应当加强对重整计划草案合法性和可行性的审查，必要时可以召开听证会，听取金融机构债权人的意见。

19.有效打击破产欺诈。人民法院和管理人要加大对破产企业财产的追查力度，有效保护金融机构债权人的合法权益，并及时向金融机构债权人委员会、债权人会议通报有关情况。破产企业的有关人员涉嫌犯罪的，人民法院和管理人应当及时将犯罪线索移送司法机关或者监察机关。金融机构应当依法积极支持、配合管理人追查破产企业财产，及时向人民法院和管理人提供发现的破产欺诈行为线索。

五、附则

20.强制清算案件，参照适用本实施意见。

21.本实施意见自发布之日起施行。

江苏省高级人民法院　江苏省人民检察院　江苏省公安厅　江苏省民政厅　江苏省妇女联合会关于印发《关于在涉未成年人案件中开展家庭教育指导工作的实施意见（试行）》的通知

（苏妇〔2022〕2号　2022年1月17日）

各设区市中级人民法院、人民检察院、公安局、民政局、妇联：

为进一步贯彻习近平总书记关于注重家庭家教家风建设重要论述，推动《中华人民共和国家庭教育促进法》《江苏省家庭教育促进条例》落地落实，经江苏省高级人民法院、江苏省人民检察院、江苏省公安厅、江苏省民政厅、江苏省妇女联合会研究会商，决定在全省范围内开展涉未成年人案件家庭教育指导工作，现将制定的《实施意见》（试行）下发，请各地结合实际，认真贯彻执行。

关于在涉未成年人案件中开展家庭教育指导工作的实施意见（试行）

第一条　为贯彻最有利于未成年人原则，推动落实家庭监护主体责任，优化未成年人家庭成长环境，预防和减少未成年人违法犯罪，保护未成年人合法权益，根据《中华人民共和国未成年人保护法》《中华人民共和国预防未成年人犯罪法》《中华人民共和国家庭教育促进法》《江苏省家庭教育促进条例》等法律法规，结合本省实际，制定本意见。

第二条　本意见所称的家庭教育指导是指公安机关、人民检察院、人民法院（以下简称办案机关）在办案过程中，发现未成年人的父母或者其他监护人存在侵害未成年人合法权益、不依法履行监护职责或者履职不当、不力等情形，依法责令、要求未成年人父母或其他监护人接受一定时间的家庭教育辅导，督促和引导其正确履行监护职责。

第三条 办案机关在办理案件过程中，发现未成年人的父母或者其他监护人有下列情形的，可以责令其接受家庭教育指导：

（一）侵犯未成年人合法权益的；

（二）被监护未成年人实施严重不良行为或者实施犯罪行为的；

（三）不依法履行监护职责，致使未成年人遭受他人犯罪行为侵害的；

（四）不积极协助、配合做好涉案未成年人的考察帮教；

（五）涉未成年人民事案件中，未成年人的父母或者其他监护人，怠于或不当履行未成年人监护职责，法院认为有必要的；

（六）其他应当接受家庭教育指导的情形。

第四条 办案机关在办案工作中发现存在本意见第三条所列情形之一的，可以自行或者委托有关社会组织、机构对涉案未成年人的成长经历、监护状况、涉案原因等情况进行社会调查，并根据调查结果评估采取家庭教育指导的必要性。

第五条 办案机关经过社会调查，决定责令涉案未成年人父母或其他监护人接受家庭教育指导的，应当制作相应的文书，要求其在指定时间到指定地点报到，接受家庭教育指导。

第六条 如委托第三方开展家庭教育指导，作出决定的机关应当及时与有关社会组织、机构对接，向其发出家庭教育指导委托函。

第七条 家庭教育指导主要包括以下内容：

（一）督促监护人加强法律知识学习，掌握法治教育的内容和方法，同时教育监护人培养未成年人法律素养，保持对法律的敬畏之心，提高守法意识和自我保护能力；

（二）督促监护人加强心理学、教育学等知识学习，掌握科学的家庭教育理念和方法，改善亲子关系；

（三）帮助监护人培养未成年子女良好行为习惯，树立正确价值观；

（四）教导监护人学习有效的沟通方式；

（五）引导监护人改变不当教养方式；

（六）指导监护人重塑良好家庭关系、营造和谐家庭氛围；

（七）对离婚诉讼的当事人，明确告知分居或离异后应相互配合履行家庭教育责任，强化其履责意识，提升其履责能力。

第八条 家庭教育指导以单独辅导、家庭辅导、团体辅导的形式开展。可采用课堂教学、实境教育、网络指导等方法手段，采取一个家庭一套方案，要求未成年人父母或其他监护人根据规定完成必要的学时任务。在开展家庭教育指导过程中，可以吸纳未成年人共同参与，实现双向教育，提升家庭教育指导效果。

第九条 办案机关可以自行，也可联合妇联、民政，或委托有关社会组织、机构制定有针对性的家庭教育指导方案，并定期与未成年人父母或者其他监护人、专业机构人员等进行沟通，了解家庭教育指导进展情况，可以根据未成年人父母或者其他监护人接受指导的情况、履行监护职责的意愿及能力、亲子关系改进情况等进行动态评估，适时调整实施方案和指导措施。

第十条 委托第三方进行家庭教育指导的，在指导结束后，有关社会组织、机构应当出具家庭教育指导报告。结束六个月内，办案机关可以对未成年人及其父母或者其他监护人进行回访，结合有关社会组织、机构的报告，对家庭教育指导效果进行评估。

第十一条 未成年人的父母或其他监护人被办案机关责令接受家庭教育指导无正当理由拒不参加的，作出决定的机关可以依法对其进行训诫等处理。检察机关可根据情况依法发出督促监护令。

父母或者其他监护人对未成年人实施的行为，属于《中华人民共和国民法典》第三十六条规定应当撤销监护人资格情形的，检察机关可以建议或支持法律规定的有关个人或组织向法院申请撤销监护人资格。

未成年人父母或其他监护人接受家庭教育的效果，可以作为办案机关处理案件的参考。

第十二条 办案机关应当依法保护接受家庭教育指导人员的个人信息、名誉、隐私，尊重其人格尊严。受委托开展家庭教育指导的专业机构及其工作人员应当签署保密协议，依法不得公开或者传播能够识别未成年人及其父母或者其他监护人身份的各种信息。

开展家庭教育指导工作，应当充分听取未成年人父母或者其他监护人的意见，保障其合法权益，避免影响其正常的工作、学习和生活。

第十三条 办案机关、民政、妇联应当加强与教育、卫健、村(居)民委员会等部门的协作配合，建立健全家庭教育指导工作信息共享、联合联动的工作机制，形成未成年人保护齐抓共管的工作格局。

第十四条 本意见中办案机关委托的有关社会组织、机构依法开展家庭教育指导，所需费用不得向未成年人父母或者其他监护人收取。作出决定机关可以结合本年度需求情况，将所需费用列入本单位年度经费预算。各办案机关、民政、妇联等部门应联合会商协调，积极向本级财政争取专项工作经费。

民政、妇联要做好社会组织的培训、培育，推动制定家庭教育指导相关标准，指导社会组织强化日常管理、提升专业水平。

民政、妇联要配合办案机关定期总结梳理工作成果，对成绩突出的，及时进行经验宣传和案例推广。

第十五条 本意见自印发之日起执行。

江苏省高级人民法院
关于废止部分审判业务文件的通知(二)

(苏高法〔2022〕10号　2022年1月24日)

各市中级人民法院、南京海事法院,徐州铁路运输法院、各基层人民法院,本院各部门:

根据《最高人民法院关于规范高级人民法院制定审判业务文件编发参考性案例工作的通知》和《人民法院审判业务文件、参考性案例备案工作办法》的要求,省法院对2020年12月31日之前以江苏省高级人民法院名义制发或会同有关单位联合制发的审判业务文件进行了清理。决定对以下64件内容已被最新法律法规、司法解释所吸收的审判业务文件予以废止:

序号	文件名称	制定时间	文号
1	江苏省高级人民法院、江苏省人民检察院、江苏省公安厅关于我省执行抢劫、抢夺、聚众哄抢、敲诈勒索、故意毁坏公私财物"数额较大"、"数额巨大"、"数额特别巨大"标准的意见	1998年7月16日	苏高法发〔1998〕14号
2	江苏省高级人民法院、江苏省人民检察院、江苏省公安厅、江苏省司法厅关于适用暂予监外执行具体问题的意见	1998年8月25日	苏高法〔1998〕19号
3	江苏省高级人民法院关于防止犯罪嫌疑人在法院审理期间逃跑的通知	1998年11月30日	苏高法〔1998〕345号
4	江苏省高级人民法院关于及时报送刑事二审、复核案件委托宣判、执行死刑有关材料的规定	1999年1月26日	—
5	江苏省高级人民法院关于审理附带民事诉讼案件的若干规定	1999年	苏高法发〔1999〕23号
6	江苏省高级人民法院、江苏省人民检察院、江苏省公安厅关于审理毒品犯罪案件有关问题的意见	1999年	苏高法发〔1999〕24号
7	江苏省高级人民法院关于印发《江苏省高级人民法院关于审理刑事案件中具体应用法律的若干问题的意见(试行)》的通知	2000年5月25日	苏高法〔2000〕174号

续表

序号	文件名称	制定时间	文号
8	江苏省高级人民法院关于在案件审理过程中查证核实被告人或者上诉人的检举、揭发如何适用程序问题的意见	2001 年 12 月 7 日	苏高法〔2001〕359 号
9	江苏省高级人民法院、江苏省人民检察院、江苏省公安厅关于办理刑事自诉案件有关管辖问题的意见	2001 年	苏高法〔2001〕301 号
10	江苏省高级人民法院、江苏省人民检察院、江苏省公安厅关于办理涉枪涉爆、聚众斗殴案件具体应用法律若干问题的意见	2002 年	苏高法〔2002〕331 号
11	江苏省高级人民法院、江苏省人民检察院、江苏省公安厅关于办理毒品、制毒物品犯罪案件若干问题的暂行规定	2002 年	苏高法〔2002〕375 号
12	江苏省高级人民法院关于刑事审判证据和定案的若干意见(试行)	2003 年 9 月 18 日	—
13	江苏省高级人民法院、江苏省人民检察院、江苏省公安厅关于办理拒不执行判决、裁定刑事案件若干问题的意见	2003 年	苏高法〔2003〕438 号
14	江苏省高级人民法院关于参与社区矫正工作的若干意见(试行)	2004 年 1 月 14 日	苏高法〔2004〕15 号
15	江苏省高级人民法院关于印发《量刑指导规则(试行)》的通知	2004 年 5 月 26 日	苏高法审委〔2004〕10 号
16	江苏省高级人民法院、江苏省公安厅关于审判阶段律师会见被羁押被告人或上诉人的若干问题的意见	2004 年	苏高法〔2004〕93 号
17	江苏省高级人民法院关于印发《关于审理附带民事诉讼案件的若干问题的意见》的通知	2005 年 11 月 11 日	苏高法审委〔2005〕18 号
18	江苏省高级人民法院关于及时送达执行通知书等法律文书的通知	2007 年 7 月 4 日	苏高法〔2007〕226 号
19	江苏省高级人民法院关于印发《关于刑事附带民事诉讼调解与赔偿工作若干问题的规定(试行)》的通知	2007 年 8 月 7 日	苏高法审委〔2007〕7 号
20	江苏省高级人民法院关于印发《关于在审判工作中全面维护未成年人合法权益的意见(试行)》的通知	2008 年 4 月 25 日	苏高法审委〔2008〕10 号
21	江苏省高级人民法院关于印发《关于开展轻微刑事案件快速审理工作的指导意见(试行)》的通知	2010 年 12 月 29 日	苏高法审委〔2010〕19 号

续表

序号	文件名称	制定时间	文号
22	江苏省高级人民法院、江苏省人民检察院、江苏省公安厅、江苏省司法厅关于印发《关于轻微刑事案件和解工作若干问题的规定(试行)》的通知	2011年9月15日	苏高法〔2011〕412号
23	江苏省高级人民法院刑三庭组织、强迫、引诱、容留、介绍卖淫案件审理指南	2011年	—
24	江苏省高级人民法院关于印发《〈关于常见犯罪的量刑指导意见〉实施细则》的通知	2014年8月8日	苏高法〔2014〕175号
25	江苏省高级人民法院关于印发《关于我省执行掩饰、隐瞒犯罪所得、犯罪所得收益罪入罪数额标准的意见》的通知	2017年4月12日	苏高法〔2017〕63号
26	江苏省高级人民法院关于印发修订后的《〈关于常见犯罪的量刑指导意见〉实施细则》的通知	2017年8月7日	苏高法〔2017〕148号
27	江苏省高级人民法院、江苏省人民检察院、江苏省公安厅关于确定我省挪用公款罪、挪用资金罪的数额标准的通知	1998年	苏高法发〔1998〕11号
28	江苏省高级人民法院、江苏省人民检察院、江苏省公安厅、江苏省电力工业局关于办理盗窃电能案件的意见	1998年	苏高法发〔1998〕25号
29	江苏省高级人民法院关于执行《最高人民法院〈关于审理抢夺刑事案件具体应用法律若干问题的解释〉》有关问题的意见	2002年8月5日	—
30	江苏省高级人民法院关于审理抢劫、抢夺犯罪案件若干法律适用问题的讨论纪要	2002年9月18日	—
31	江苏省高级人民法院关于严格执行刑事案件审理期限制度的规定	2004年5月31日	苏高法审委〔2004〕9号
32	江苏省高级人民法院、江苏省人民检察院、江苏省公安厅、江苏省司法厅关于印发《关于刑事案件证据若干问题的意见》的通知	2008年3月31日	苏高法〔2008〕101号
33	江苏省高级人民法院关于印发《审理减刑、假释案件公示、听证程序的若干规定(试行)》的通知	2004年11月30日	苏高法审委〔2004〕16号
34	江苏省高级人民法院关于印发《江苏省高级人民法院关于审理减刑案件若干问题的意见(试行)》和《江苏省高级人民法院关于审理假释案件若干问题的意见(试行)》的通知	2005年9月7日	苏高法审委〔2005〕14号
35	江苏省高级人民法院关于印发《关于进一步改革减刑、假释案件审理方式的若干意见》的通知	2005年12月23日	苏高法审委〔2005〕24号

续表

序号	文件名称	制定时间	文号
36	江苏省高级人民法院关于印发《江苏省高级人民法院关于审理减刑案件若干问题的意见》和《江苏省高级人民法院关于审理假释案件若干问题的意见》的通知	2009年2月26日	苏高法审委〔2009〕13号
37	江苏省高级人民法院印发《关于减刑、假释案件定案工作的暂行规定》的通知	2009年12月1日	苏高法审委〔2009〕43号
38	江苏省高级人民法院、江苏省人民检察院、江苏省公安厅、江苏省司法厅关于印发《关于加强假释案件审理与社区矫正工作对接的意见（试行）》的通知	2010年4月30日	苏高法〔2010〕224号
39	江苏省高级人民法院关于进一步贯彻《江苏省高级人民法院、江苏省人民检察院、江苏省公安厅、江苏省司法厅〈关于加强假释案件审理与社区矫正工作对接的意见（试行）〉》的通知	2010年8月2日	苏高法电〔2010〕636号
40	江苏省高级人民法院审判监督第一庭《关于审理减刑、假释案件中加强对执行机关新增材料审查的通知》	2010年9月9日	苏高法电〔2010〕733号
41	江苏省高级人民法院关于印发《江苏省高级人民法院关于审理减刑、假释案件若干问题的讨论纪要》的通知	2012年12月24日	苏高法审委〔2012〕13号
42	江苏省高级人民法院审判监督第一庭关于报备原县处级以上职务犯罪罪犯减刑、假释案件的通知	2014年4月17日	苏高法电〔2014〕299号
43	江苏省高级人民法院审判监督第一庭关于印发《关于减刑、假释案件审理中若干具体问题研讨会纪要》的通知	2014年6月16日	苏高法电〔2014〕455号
44	江苏省高级人民法院关于规范对部分职务犯罪罪犯减刑、假释备案审查工作的通知	2014年7月4日	苏高法电〔2014〕528号
45	江苏省高级人民法院、江苏省司法厅关于印发《江苏省高级人民法院、江苏省司法厅减刑、假释工作专题会议纪要》的通知	2014年11月4日	苏高法〔2014〕212号
46	江苏省高级人民法院关于适用《最高人民法院关于办理减刑、假释案件具体应用法律的规定》若干问题的讨论纪要（试行）	2016年12月30日	审委会会议纪要〔2016〕11号
47	江苏省高级人民法院关于审理劳动争议案件若干问题的意见	2004年2月9日	苏高法审委〔2004〕4号
48	江苏省高级人民法院关于印发《关于审理事业单位人事争议案件若干问题的意见》的通知	2004年6月24日	苏高法审委〔2004〕11号

续表

序号	文件名称	制定时间	文号
49	江苏省高级人民法院、江苏省劳动争议仲裁委员会印发《关于适用〈中华人民共和国劳动争议调解仲裁法〉若干问题的意见》的通知	2008 年 10 月 10 日	苏高法审委〔2008〕19 号
50	江苏省高级人民法院关于依法及时审理拖欠工资等劳动争议案件切实维护社会稳定的通知	2008 年 11 月 25 日	苏高法〔2008〕417 号
51	江苏省高级人民法院关于印发《关于在当前宏观经济形势下妥善审理劳动争议案件的指导意见》的通知	2009 年 3 月 3 日	苏高法审委〔2009〕8 号
52	江苏省高级人民法院、江苏省劳动争议仲裁委员会印发《关于审理劳动争议案件的指导意见》的通知	2009 年 12 月 14 日	苏高法审委〔2009〕47 号
53	江苏省高级人民法院印发《关于修改〈关于审理民商事仲裁司法审查案件若干问题的意见〉的决定》的通知	2010 年 9 月 6 日	苏高法审委〔2010〕11 号
54	江苏省高级人民法院、江苏省劳动人事争议仲裁委员会关于印发《关于审理劳动人事争议案件的指导意见(二)》的通知	2011 年 11 月 8 日	苏高法审委〔2011〕14 号
55	江苏省高级人民法院关于审理带薪年休假纠纷若干问题的指导意见	2019 年 8 月 9 日	审委会会议纪要〔2019〕3 号
56	江苏省高级人民法院关于进一步规范城市房屋拆迁案件审理工作的通知	2004 年 5 月 8 日	苏高法〔2004〕164 号
57	江苏省高级人民法院关于印发《关于行政诉讼案件管辖若干问题的意见(试行)》的通知	2005 年 11 月 14 日	苏高法审委〔2005〕21 号
58	江苏省高级人民法院关于审理劳动保障监察、工伤认定行政案件若干问题的意见	2005 年 11 月 21 日	苏高法审委〔2005〕23 号
59	江苏省高级人民法院印发《关于行政案件扣除审限的规定》的通知	2009 年 6 月 18 日	苏高法审委〔2009〕19 号
60	江苏省高级人民法院关于印发《关于实施〈最高人民法院关于行政案件管辖若干问题的规定〉的意见》的通知	2009 年 9 月 18 日	苏高法审委〔2009〕30 号
61	江苏省高级人民法院关于印发《江苏省高级人民法院关于非诉行政执行案件听证审查若干问题的规定》的通知	2009 年 9 月 18 日	苏高法审委〔2009〕31 号
62	江苏省高级人民法院关于印发《关于行政诉讼协调工作的若干意见》的通知	2010 年 1 月 15 日	苏高法审委〔2010〕1 号
63	江苏省高级人民法院行政审判庭工伤认定行政案件审理指南(2010 年)	2010 年	—

续表

序号	文件名称	制定时间	文号
64	江苏省高级人民法院印发《关于深入推进行政机关负责人行政诉讼出庭应诉工作的若干意见》的通知	2011 年 5 月 6 日	苏高法审委〔2011〕8 号

自本通知印发之日起,上述审判业务文件一律停止执行。

特此通知。

江苏法院2021年度劳动人事争议十大典型案例

传统劳动人事争议案件审理难度加大，新类型案件疑难问题增多。如新冠肺炎疫情持续影响，新老问题叠加，如何在保护劳动者权益的同时促进用人单位健康发展，面临更高要求；新就业形态中不完全劳动关系如何具体界定，从业者权益如何妥善保护，仍需探索完善、细化规则等。

面对新情况、新问题，全省法院始终坚持以习近平新时代中国特色社会主义思想为指导，深入贯彻落实习近平法治思想，紧紧围绕“努力让人民群众在每一个司法案件中感受到公平正义”目标，坚持平衡保护劳动者合法权益与促进用人单位健康有序发展并重的原则，坚持司法为民，坚持公正司法，多措并举构建和谐劳动关系。

省法院筛选出2021年度全省法院审结的劳动人事争议十大典型案例，并邀请有关专家予以点评，现予发布。该批案例涉及疫情期间劳动关系的处理、网络主播劳动关系的认定和女职工、职业病患者特殊权益的保护等人民群众关心的民生热点问题，通过“小案件”讲述“大道理”，用有力量、有是非、有温度的司法裁判回应人民群众期盼，引导全社会增强法治意识、公共意识、规则意识，共同构建规范有序、公正合理、互利共赢、和谐稳定的劳动关系。

案例一：疫情防控期间不如实报告行程，用人单位可以解除劳动合同

【裁判要旨】

劳动者应当落实疫情防控要求，向用人单位如实报告行程，该如实报告义务不以对疫情防控产生重大后果为条件。劳动者在疫情防控期间故意填报虚假行程信息，用人单位据此解除劳动合同的，人民法院应予支持。

【简要案情】

某通信公司女职工李某在怀孕35周后乘飞机前往境外待产。2019年12月至2020年1月，李某的母亲至无锡某医院以李某名义挂号并要求医生出具医疗建议书，通过李某同事交给通信公司并提出病假申请，未告知出境待产。后医院出具证明作废涉案医疗建议书。2020年1月底，因新冠肺炎防疫要求通信公司排查人员流动情况，李某继续隐瞒出境待产。2020年

7月,李某休完产假上班。通信公司以李某虚开病假条申请病假、多次填报虚假信息隐瞒出境事实为由解除与李某的劳动合同。李某经仲裁后提起诉讼,要求支付违法解除劳动合同的赔偿金。法院认为,李某应当积极配合国家疫情防控需要向通信公司如实告知行程,该如实告知义务不以对疫情防控产生重大后果为条件。李某在防疫打卡期间多次填报虚假信息并提供虚假病假单,不仅严重违反规章制度,而且导致通信公司防疫统计出现重大错误,违反了国家防疫政策要求,对防疫安全造成隐患,通信公司有权据此解除劳动合同,故判决驳回李某的诉讼请求。

【专家点评】

诚实信用原则是劳动合同法的原则之一,用人单位和劳动者在订立和履行劳动合同过程中均应予以遵循。本案中,用人单位在其依法制定的规章制度中明确规定:对弄虚作假的假期申请,经查实后一律视为旷工处理;连续旷工5天及以上的,用人单位可以解除劳动合同。李某人在国外却提供国内医院病假单、未按疫情防控要求如实告知其行程的行为,不仅有违公司的劳动纪律,亦有违劳动者对用人单位的基本诚信要求。公司根据规章制度的规定解除与李某的劳动合同,有理有据。本案判决,不仅事实清楚,证据确凿充分,适用法律适当,且在个案中嵌入了社会主义核心价值观的司法判断,说理细致透彻,发挥了审判活动对社会道德观念和价值追求的教育、引领和规范作用。

审理法院:无锡市滨湖区人民法院、无锡市中级人民法院

点评人:苏州大学王健法学院沈同仙教授

案例二:用人单位假借疫情放长假致使劳动者被迫离职的,应支付经济补偿

【裁判要旨】

用人单位假借疫情,利用放长假等形式变相逼迫劳动者离职的,符合《中华人民共和国劳动合同法》第三十八条规定的用人单位"未按照劳动合同约定提供劳动保护或者劳动条件的"情形,劳动者据此解除劳动合同并主张经济补偿的,人民法院应予支持。

【简要案情】

咸某于2000年入职某针织公司。2020年5月,咸某因针织公司长期不按实际工资标准足额缴纳社会保险费一事投诉至社保中心。当月,针织公司通知咸某放假,表示因受疫情影响接单量降低,生产部门合并,工作量增加,考虑咸某年龄较大,为减轻员工压力,安排该员工休假三个月。咸某书面通知公司,认为系针织公司对其投诉的单方报复行为,严重侵害其合法权益,依据《中华人民共和国劳动合同法》第三十八条规定解除与针织公司的劳动合同关系。咸某经仲裁后提起诉讼,要求支付经济补偿。法院认为,针织公司在咸某因社保问题向有关部门投诉后,单独向咸某发送针对其个人的放长假通知。咸某对放假提出异议并要求继续上班后,针织公司明确只有咸某撤回投诉并作出承诺后才会

撤回放假通知、准许上班。针织公司的行为符合《中华人民共和国劳动合同法》第三十八条规定的用人单位“未按照劳动合同约定提供劳动保护或者劳动条件的”情形,故判决针织公司向咸某支付经济补偿。

【专家点评】

为劳动者建立社会保险并依法缴纳社会保险费是用人单位应尽的法律义务。本案中,用人单位因长期未为员工足额缴纳社会保险费而遭员工投诉后,理应在反思自己行为的基础上与投诉员工真诚沟通,以寻求化解纠纷的方案。但遗憾的是,本案中的用人单位不仅没有作出积极回应,相反,还假借疫情,以放长假形式对投诉员工进行打击报复,逼迫劳动者辞职。依照《中华人民共和国劳动合同法》第三十八条和第四十六条的规定,劳动者因为用人单位未按照劳动合同约定提供劳动保护或者劳动条件而解除合同的,用人单位应当依法支付经济补偿。本判决通过对用人单位行为和言语的分析,揭示了用人单位以“放长假”之名,行逼迫劳动者离职之实。本案判决,维护了劳动者的合法权益,引导和教育企业遵法守法、合规用工。

审理法院:苏州市吴中区人民法院、苏州市中级人民法院

点评人:苏州大学王健法学院沈同仙教授

案例三:女职工的延长产假权益依法受保护

【裁判要旨】

符合《江苏省人口与计划生育条例》规定生育子女的女职工在享受国家规定产假的基础上,还享受该条例规定的延长产假。延长产假期间,用人单位应当视同女职工提供了正常劳动。用人单位以女职工在延长产假期间旷工为由解除劳动关系,女职工主张用人单位支付违法解除劳动合同赔偿金的,人民法院应予支持。

【简要案情】

2020年2月,某机械公司女职工缪某因生育向公司申请98天的产假,机械公司同意。之后,缪某又依据江苏省有关延长产假的规定向机械公司申请30天的延长产假,机械公司未同意。2020年6月5日,机械公司通知缪某返岗。因缪某未返岗,机械公司于2020年6月15日以旷工违纪为由决定解除劳动合同。缪某申请劳动仲裁,要求支付违法解除劳动合同的赔偿金。仲裁裁决后,某机械公司不服,诉至法院。法院认为,根据《江苏省人口与计划生育条例》的规定,缪某应享受128天产假,机械公司通知缪某返岗和解除劳动关系时,缪某仍处于法定延长产假期内。机械公司以缪某旷工为由解除劳动合同违反法律规定,故判决机械公司支付缪某违法解除劳动合同的赔偿金。

【专家点评】

产假制度是保护生育妇女的重要制度之一,对于母亲及新生儿的身心健康、提振生育水平均具有重要意义。我国《女职工劳动保护特别规定》规定,女职工生育享受98天产假,其中产前可以休假15天。《江苏省人口与计划生育条例》规定,符合

本条例规定生育子女的夫妻，女方在享受国家规定产假的基础上，延长产假不少于30天，假期视为出勤，在规定假期内照发工资。本案中，缪某在休完国家规定的98天产假后，有权向某机械公司提出再休30天的延长产假。某机械公司对缪某合法享有的延长产假申请未予批准，违反了法律规定。该公司在缪某延长产假期间以其旷工为由解除劳动合同，属于违法解除，应当向缪某支付赔偿金。按照《江苏省关于优化生育政策促进人口长期均衡发展实施方案》（苏发〔2022〕8号）规定，从2022年2月10日起，江苏省符合政策规定生育子女的夫妻，女方在享受国家规定产假的基础上，延长产假60天，达到158天。新规定进一步保障了女职工权益。本案也提醒用人单位，应当切实保障女职工产假等特殊权益，推动三孩生育政策落地，实现适度生育水平，促进人口长期均衡发展。

审理法院：句容市人民法院、镇江市中级人民法院

点评人：江苏省总工会法律工作部董彬副部长

案例四：网络主播与用人单位具有明显人身与经济从属性的，应认定为劳动关系

【裁判要旨】

网络主播使用用人单位提供的注册账户在互联网平台上为单位销售产品，工作场所、劳动工具由单位提供，直播内容、直播时间由单位安排，劳动报酬由单位发放，双方之间具有明显人身与经济从属性的，应认定双方存在劳动关系。

【简要案情】

2020年2月，胡某与某供应链公司签订合作协议，由胡某在供应链公司的淘宝网账户上直播带货，每月基本报酬为7000元，另根据直播带货销售额结算收益。胡某每天工作6小时，直播时间按供应链公司的排班表执行，直播货品为供应链公司经销的服装类产品，货品价格由供应链公司确定，直播工具由供应链公司提供。胡某于2020年6月辞职后申请劳动仲裁，要求支付拖欠的工资。仲裁裁决认为双方构成劳动关系，供应链公司应支付胡某拖欠的工资。供应链公司不服，认为双方系合作关系而非劳动关系，诉至法院。法院认为，胡某从事的网络平台直播销售工作是供应链公司的主要业务组成部分，工作场所、劳动工具由供应链公司提供，工作时间由供应链公司安排，双方具有管理与被管理的人身依附和经济从属关系，构成劳动关系，故判决供应链公司支付胡某拖欠的工资。

【专家点评】

网络主播是近年来伴随互联网等信息技术发展而产生的一种新就业形态。网络主播与合作方之间是否构成劳动关系，取决于他们之间是否具有劳动关系所要求的从属性特质。按照劳动法的一般理论，劳动关系的从属性主要包括人格（人身）从属性和经济从属性。本案中，网络主播胡某与某供应链公司为“直播带货”签订合作协议。依据协议约定，胡某使用公司提

供的直播账户，按照公司安排的直播场所、直播内容和直播时间完成直播任务，由公司按照约定向胡某发放直播劳动报酬。这样的“直播带货”虽然加入了网络、电商的元素，但并没有改变销售人员与公司之间具有的人身与经济从属性的特征，仅是将线下销售转化为线上销售而已。故法院判定双方构成劳动关系具有事实依据和法律依据。本案判决运用劳动法基本理论，从权利义务折射出的“合作协议”本质对其法律属性作出甄别，这样的裁判思路在新就业形态越来越普遍的今天，无疑具有典型意义和示范意义。

审理法院：常熟市人民法院

点评人：苏州大学王健法学院沈同仙教授

案例五：网络主播与平等合作的经纪公司之间不构成劳动关系

【裁判要旨】

网络主播通过与经纪公司签订合作协议，自行在第三方直播平台上注册从事网络直播活动，自主决定直播方式，以粉丝打赏为主要收入来源，其与经纪公司之间不构成劳动关系，按照普通民事关系处理。

【简要案情】

2020年7月，某文化公司与田某签订艺人独家经纪合约，约定双方合作范围包括但不限于网络演艺、线下演艺、商务经纪、明星周边及其他出版物、法律事务等与演艺事业相关的所有活动。双方基于合作产生收益，不谋求建立劳动关系，文化公司向田某支付艺人签约费8万元。如田某因个人原因长期无法配合文化公司安排的直播或其他活动，需要提前30天提出书面停播申请。因个人身体问题导致无法直播需提供相关病历，病假期间的损失双方共同承担。田某每月直播时长未达到最低规定的，文化公司有权暂扣分成，双方收益结算周期为平台结算到账后10个工作日内。2020年9月，田某不再履行合同。某文化公司诉至法院，要求返还签约费。一审法院以本案属于劳动争议应先行申请仲裁为由裁定驳回起诉。文化公司提起上诉，二审法院认为，合同对直播内容、直播时段、直播地点并无约定，文化公司未对田某进行劳动管理；文化公司未向田某支付劳动报酬，田某的收入全部来自网络直播吸引的粉丝打赏，双方按照约定比例进行收益分配；田某从事网络直播的平台由第三方所有和提供，网络直播活动并不是文化公司业务的组成部分。故双方不符合劳动关系的法律特征，不构成劳动关系。

【专家点评】

网络主播作为一种典型的新就业形态，其与协议相对人之间的合作方式是多元的，因而他们之间法律关系的属性也是不确定的，需要根据双方权利义务安排折射出的“合作关系”本质予以认定。本案中，虽然主播田某的直播行为要受到其与某文化公司签订的“独家经纪合约”约定的最低直播时长、直播纪律等方面的约束，但田某是自行在第三方直播平台上注册从事网络直播活动，自主决定直播时间、直播地点和直播方式，并以粉丝打赏为主要收入来源。即总体而言，田某劳动的自主性、独立性比从属性更为显著，故法院判定其与经纪公司之间不构成劳动关系是恰当的。在灵活多样的新就业形态中，劳动的"从属性"和"独立性"往往交杂在一起，要透过"是是非非""纷繁复杂"的现象综合判定用工关系的法律属性，需要审判人员的法律智慧。本案判决为新就业形态用工关系法律属性的判定提供了具有普遍参考价值的审判思路。

审理法院：徐州市中级人民法院

点评人：苏州大学王健法学院沈同仙教授

案例六：仅办理了求职登记尚未实际用工的，不构成劳动关系

【裁判要旨】

劳动关系自用工之日起建立。劳动者填写求职登记表后至工作场所了解环境，用人单位尚未实际用工，劳动者仅凭求职登记表主张双方存在劳动关系的，人民法院不予支持。

【简要案情】

2020 年 10 月 5 日，陈某到某橡胶公司求职，当天在人事部门填写了求职登记表，提供了个人信息和履历资料。当天中午，陈某在橡胶公司单位食堂就餐。当天下午，陈某在橡胶公司车间了解工作环境时昏倒，被送往医院治疗。陈某经仲裁后提起诉讼，要求确认其与橡胶公司自 2020 年 10 月 5 日起建立劳动关系。法院认为，陈某填写的求职登记表仅表明了求职意愿，不具备劳动合同的必备要素，不能反映出双方已就建立劳动关系达成合意。陈某在填写求职登记表后到橡胶公司的工作场所了解情况，不属于橡胶公司的用工行为，双方未实际建立劳动关系，故判决驳回陈某的诉讼请求。

【专家点评】

《中华人民共和国劳动合同法》规定，劳动合同应当具备劳动合同期限、工作内容、工作地点、工作时间、劳动报酬、社会保险等必备条款。陈某填写的"求职登记表"不具备上述必备条款，不能视为双方签订了书面劳动合同。《劳动和社会保障部关于确立劳动关系有关事项的通知》（劳社部发〔2005〕12 号）第一条规定："用人单位招用劳动者未订立书面劳动合同，但同时具备下列情形的，劳动关系成立。（一）用人单位和劳动者符合法律、法规规定的主体资格；（二）用人单位依法制定的各项劳动规章制度适用于劳动者，劳动者受用人单位的劳动管理，从事用人单位安排的有报酬的劳动；（三）劳动者提供的劳动是用人单位业务的组成部分。"根据上述规定，本案中某橡胶公司与陈某既没有签订书面劳动合同，也没有达成用工合意，更没有形成用工事实，因此双方不存在劳动关系。虽然劳动法律对劳动者实行"倾斜"保护，但劳动者也要合法合理地表达利益诉求，主张权利要有事实和法律依据。构建和谐稳定的劳动关系，需要用人单位和劳动者一起共同努力。

审理法院：沭阳县人民法院、宿迁市中级人民法院

点评人：江苏省总工会法律工作部董彬副部长

案例七：最终被确诊为职业病的劳动者疑似职业病期间病休，可参照享受停工留薪期工资待遇

【裁判要旨】

劳动者在疑似职业病期间病休，后被确认为职业病的，该病假系因履职受到伤害而引起，与普通病假存在本质区别，劳动者主张用人单位参照停工留薪期工资标准支付该期间工资待遇的，人民法院应予支持。

【简要案情】

程某在某家具公司从事大理石台面切割、安装工作多年。自2018年11月起，程某因咳嗽、胸闷前往医院检查，被诊断为肺部感染、支气管扩张、肺气肿。出院后，程某开始病休并逐月复查，复查结果为慢性阻塞性肺病、矽肺。2019年3月，医院建议程某进行职业病检查。2019年11月，职业病防治院确认程某为职业性矽肺二期。2020年1月，劳动行政部门认定程某构成工伤。2020年5月，劳动能力鉴定委员会评定程某的致残程度为四级。自程某病休开始，家具公司一直按照最低工资标准的80%支付其病假工资。程某经仲裁后提起诉讼，要求自2018年11月病休时起按照停工留薪期工资标准补发工资差额。法院认为，应当将程某自2018年11月起的诊治过程作为一个整体看待，其疑似职业病期间应当从2018年11月起算。程某在疑似职业病期间病休，系因履职受到伤害而引起，与普通病假存在本质区别，故判决家具公司参照停工留薪期工资的标准补发程某疑似职业病期间的工资差额。

【专家点评】

用人单位在劳动用工过程中，必须严格按照劳动立法要求为劳动者提供安全卫生健康的工作环境和劳动保护设施及防护用品，确保劳动者的生命健康和安全得到保障。根据我国《工伤保险条例》相关规定，劳动者患职业病的，应当认定为工伤，依法享受工伤保险待遇。但对劳动者在疑似职业病期间病休时的工资待遇问题，现有法律规定不够明确，双方当事人有不同理解。本案中，家具公司在程某疑似职业病期间仅按照最低工资标准的80%支付病假工资待遇，这与工伤保险制度有效保障因工作遭受事故伤害或者患职业病的劳动者获得医疗救治和经济补偿，促进工伤预防和职业康复的立法目的不符。本案判决用人单位参照停工留薪期工资标准支付劳动者疑似职业病期间的工资待遇，有利于更好地保护职业病患者这类特殊群体的合法权益。本案判决正确贯彻落实职业病防治的立法宗旨，彰显了司法的温度，亦提醒用人单位应严格遵守职业病防治法律法规，有效保障职业病患者各项权利，切实承担起企业应有的遵守法律、关怀员工、对得起良心的社会责任。

审理法院：江宁经济技术开发区人民法院

点评人：南京审计大学法学院秦国荣教授

案例八：岗前培训不同于专业技术培训，不得约定服务期和违约金

【裁判要旨】

用人单位和劳动者可以就专业技术培训约定服务期和违约金，该专业技术培训不包括日常业务培训和岗前培训等一般的职业培训。用人单位以劳动者离职时未满服务期为由主张劳动者返还非专业技术培训费的，人民法院不予支持。

【简要案情】

2020年5月，邱某入职某传播公司。双方签订了《培训服务协议》，约定传播公司对邱某进行为期18天的岗前培训，培训内容为公司背景介绍、业务简介、课程体系与品牌课程优势、销售技巧及电话销售技巧，同时约定培训结束后履职未达到最低服务年限1.5年的，邱某应赔偿全部培训费用。传播公司根据协议约定安排邱某参加了培训。2020年9月，邱某离职。传播公司经仲裁后提起诉讼，要求赔偿培训费。法院认为，《培训服务协议》明确约定涉案培训为岗前培训，公司亦未提供证据证明该培训系专业技术培训，不符合劳动合同法规定的可以约定服务期和由劳动者承担违约金的情形。传播公司将培训费成本转嫁给邱某，免除其自身法定责任，相关条款应为无效，故判决驳回传播公司的诉讼请求。

【专家点评】

本案涉及培训与服务期约定的合法性问题。对于用人单位可以与劳动者约定违约金的情形，《中华人民共和国劳动合同法》第二十五条明确规定“除本法第二十二条和第二十三条规定的情形外，用人单位不得与劳动者约定由劳动者承担违约金”。即除法律允许约定的情形外，用人单位在一般情况下是不得与劳动者约定违约金条款的。根据该法第二十二条第一款规定：“用人单位为劳动者提供专项培训费用，对其进行专业技术培训的，可以与该劳动者订立协议，约定服务期。”这里规定的用人单位为劳动者提供的培训是指“提供专项培训费用”、对劳动者“进行专业技术培训”。而本案中的培训是用人单位对新入职员工提供的集体性入职教育与岗前培训，属于用人单位对新进员工应履行的基本义务，不符合上述规定中用人单位可以与劳动者约定“服务期”的情形。本案判决准确区分一般的岗前培训与专业技术培训，依法保障劳动者享有接受岗前培训的权利，对促进劳动者提高就业技能、实现高质量充分就业，具有典型意义。同时，也提醒用人单位，应当严格遵守劳动立法的规定，不要试图利用其优势地位随意与劳动者约定违约金条款，更不要将属于自己应尽的义务转嫁给劳动者，损害劳动者的合法权益。

审理法院：南通市通州区人民法院

点评人：南京审计大学法学院秦国荣教授

案例九：规章制度条款存在冲突的，应作有利于劳动者的解释

【裁判要旨】

规章制度条款存在冲突，用人单位和

劳动者发生争议时，劳动者主张适用对其有利的解释的，人民法院应予支持。

【简要案情】

某制品公司《员工手册》第 72 条列举了违纪处分的形式，即一般警告、严重警告和解除劳动合同三种，并规定，凡经发出一次严重警告后，倘再犯一般警告或严重警告的过失，公司可解除劳动合同。第 75 条列举了解除劳动合同的具体情形，其中包括一年内受到两次严重警告的。2020 年 1 月 2 日，制品公司给予蔡某严重警告一次；1 月 9 日，制品公司给予蔡某一般警告一次，并依据《员工手册》第 72 条规定对蔡某予以解除劳动合同。蔡某经仲裁后提起诉讼，要求支付违法解除劳动合同的赔偿金。蔡某认为制品公司依据《员工手册》第 72 条解除劳动合同属违法解除，其不具备第 75 条规定的可解除劳动合同的情形；制品公司认为其解除劳动合同既可以适用第 72 条，也可以适用第 75 条。法院认为，《员工手册》第 72 条和第 75 条均规定了公司可以解除劳动合同的情形，从文义来看，第 75 条规定的制品公司可作出解除劳动合同处理的条件更为严苛。考虑解除劳动合同是用人单位对劳动者最严厉的惩戒措施等因素，在双方对条文的理解产生分歧时，应作有利于劳动者的解释，在对蔡某作出解除劳动合同决定时应当适用更为严苛、更为具体的第 75 条规定，故法院判决制品公司向蔡某支付违法解除劳动合同的赔偿金。

【专家点评】

劳动立法的基本立场与态度在于保护劳动关系双方当事人的正当合法权益，同时按照有利于劳动者的原则给予劳动者适当倾斜保护。由于用人单位享有按照依法制定的劳动纪律和规章制度对劳动者行使劳动管理的权利，这使用人单位与劳动者之间形成了管理与被管理的法律关系，从而劳动者在劳动法律关系中处于从属性地位。本案中，《员工手册》第 72 条规定的劳动合同解除条件比第 75 条的规定更为宽松，从而有利于用人单位而不利于劳动者，因而在两个条款发生冲突的情况下，劳动者援引对其相对有利的条款抗辩用人单位的处罚决定过重的，应从维护劳动者合法权益的角度出发予以采纳。本案判决恰当地体现了对相对弱势一方劳动者权益的合理保护，给类案判决提供了指引，也提醒用人单位，在通过规章制度实现对劳动者管理的过程中，要注重规章制度的严谨性、规范性，提高有效管理能力。

审理法院：盐城经济技术开发区人民法院、盐城市中级人民法院

点评人：南京审计大学法学院秦国荣教授

案例十：劳动争议虚假诉讼应依法惩治

【裁判要旨】

用人单位、劳动者单独或者恶意串通，采取伪造证据、虚假陈述等手段，虚构劳动关系或者劳动债权，向人民法院提起劳动争议诉讼，涉嫌犯罪的，人民法院裁定驳回

起诉，并移送有管辖权的机关处理。

【简要案情】

某管业公司自2011年起一直处于停产停业状态。2021年1月，唐某等六人经仲裁后提起诉讼，要求支付2011年至2021年期间的工资合计近260万元。法院审理中实地走访管业公司，并向周边群众了解情况。法院认为，管业公司自2011年起已停产停业至今，工业厂房被司法拍卖。唐某等六人持管业公司2021年1月19日出具的《证明》主张2011年至2021年的工资，但并未举证证明其为管业公司提供了劳动或主张过工资。唐某等六人共同向管业公司索要高达260万元的工资，涉嫌虚构工资债权，侵害其他债权人的合法权益，故裁定驳回起诉，并移送公安机关处理。

【专家点评】

劳动报酬权是劳动者劳动权利的核心，劳动者提供了正常劳动，用人单位即应当向劳动者及时足额支付劳动报酬。但本案中，某管业公司自2011年起已停产停业至今，无证据证明唐某等人提供了劳动，且唐某等人陈述该公司十年间未向其发放过工资明显不符合常理。唐某等人涉嫌虚构劳动关系，主张并不存在的劳动报酬，构成"虚假诉讼"。《中华人民共和国民事诉讼法》第一百一十五条规定，当事人之间恶意串通，企图通过诉讼、调解等方式侵害他人合法权益的，人民法院应当驳回其请求，并根据情节轻重予以罚款、拘留；构成犯罪的，依法追究刑事责任。司法实践中，部分当事人企图利用"虚假诉讼"谋取不正当利益，此种行为不仅损害了有关第三方的合法权益，而且扰乱了诉讼秩序，损害了司法权威和司法公信力，应当坚决予以打击。对虚假诉讼涉嫌犯罪及时移送公安机关处理，依法惩治虚假诉讼，警示用人单位与劳动者应严守诚信，敬畏法律，自觉践行社会主义核心价值观。

审理法院：南京市六合区人民法院、南京市中级人民法院

点评人：江苏省总工会法律工作部董彬副部长

供稿单位：省法院民事审判第四庭

朱祥祥袭警案

（2022）参阅案例 4 号

【裁判摘要】

行为人明知正在依法执行职务的警察已将身体探入驾驶室车窗内，仍突然加速从狭窄空间内冲撞逃离，导致警察遭受撞击、挤压，严重危及警察人身安全的，属于《中华人民共和国刑法》第二百七十七条第五款规定的“使用枪支、管制刀具，或者以驾驶机动车撞击等手段，严重危及其人身安全的”情形，应以袭警罪处三年以上七年以下有期徒刑。

【相关法条】

《中华人民共和国刑法》第二百七十七条第五款　暴力袭击正在依法执行职务的人民警察的，处三年以下有期徒刑、拘役或者管制；使用枪支、管制刀具，或者以驾驶机动车撞击等手段，严重危及其人身安全的，处三年以上七年以下有期徒刑。

【点评】

袭警罪是从妨害公务罪中剥离出来的罪名。为了更加有效地惩治犯罪，《中华人民共和国刑法修正案（十一）》增设袭警罪，设置了升档处罚情节，对于使用枪支、管制刀具，或者以驾驶机动车撞击等手段，严重危及正在依法执行职务的人民警察人身安全的，可以判处三年以上七年以下有期徒刑。现实生活中，警察在路面设卡检查时，因犯罪分子开车冲卡遭受伤害的案件时有发生。其中，有直接开车撞击值勤警察的情形，也有在警察将身体探入车内意图控制驾驶人员和车辆时，驾驶人员强行加速逃跑，导致警察遭受撞击、挤压的情形。前一种情形显然属于该罪的升档处罚情节，而后一种情形则需要根据行为样态、周边环境、危险程度和行为人的主观明知等因素综合判断。本案中，被告人系因酒驾被查处，在警察将身体探入驾驶室车窗内进行控制时，被告人突然加速从仅能勉强容纳一辆汽车通过的狭窄空间内冲撞逃离，虽然并非径直撞向警察，但必然导致警察遭受一旁障碍物的撞击、挤压，其主观上应当明知该行为会危及警察人身安全。根据被告人驾车的速度、撞击的情况等具体因素考量，其行为已严重危及警察的人身安全，且客观上也导致两名警察因撞击、挤压构成轻伤、轻微伤，应对其判处三年以上七年以下有期徒刑。本案为袭警罪升档处罚情节的理解和适用提供了思路，有利于依法打击暴力袭警行为，对类案裁判具有重要的参考价值。

公诉机关：靖江市人民检察院。

被告人：朱祥祥，男，28岁，汉族，初中文化，住江苏省靖江市。因犯危险驾驶罪，于2019年5月17日被判处拘役一个月，并处罚金人民币一千元。因本案于2021年7月9日被刑事拘留，同年7月23日被逮捕。

靖江市人民检察院指控被告人朱祥祥犯袭警罪、危险驾驶罪，向靖江市人民法院提起公诉。

公诉机关指控，2021年7月8日23时许，被告人朱祥祥未取得机动车驾驶证，酒后驾车，遇执勤民警检查，拒不接受检查，加速逃离现场，被执勤民警吴某某带领辅警徐某某等人利用警车、锥桶设卡截停。朱祥祥仍拒不下车接受检查，在吴某某、徐某某等人将身体探入车内试图控制车辆的过程中，驾车强行从设卡警车尾部空隙处加速逃离现场，致吴某某、徐某某被拖拽撞击警车尾部，并受伤倒地。经鉴定，吴某某肋骨骨折构成轻伤二级，体表挫伤构成轻微伤，徐某某头顶肿胀；被告人朱祥祥送检血样中乙醇含量为103.1mg/100mL。被告人朱祥祥归案后如实供述其犯罪事实。公诉机关认为，被告人朱祥祥触犯了《中华人民共和国刑法》第二百七十七条第五款、第一百三十三条之一第一款第二项的规定，应当以袭警罪、危险驾驶罪追究其刑事责任，并实行数罪并罚。

被告人朱祥祥及其辩护人对指控事实、罪名均无异议。其辩护人提出，朱祥祥的行为未严重危及人民警察的生命安全，应当在有期徒刑三年以下量刑；朱祥祥具有坦白、认罪认罚等量刑情节，建议从轻处罚。

靖江市人民法院经审理查明：

2021年7月8日23时许，被告人朱祥祥酒后、无证驾驶苏M××××6小型客车，沿靖江市车站路由南向北行驶至与三江路交叉路口时，遇执勤民警查酒驾，为逃避检查，绕道逃离现场后，沿三江路由西向东行驶至三江路与人民路交叉路口处，被执勤民警利用警车、反光锥桶设置障碍截停。被告人朱祥祥在民警示意停车接受检查时，拒不下车，见民警吴某某和辅警徐某某等多人上前围堵车辆阻止其逃离，仍拒不配合接受检查，并倒车欲逃离现场，在吴某某、徐某某等人将身体探入驾驶室、试图控制车辆的过程中，被告人强行驾车从拦截警车尾部与路牙之间的狭窄空隙处加速逃离现场，致吴某某、徐某某被车辆拖拽后撞击拦截警车的尾部，遭两车挤压后倒地，吴某某多根肋骨骨折，左肘、左小腿受伤，徐某某头顶肿胀、右肘擦伤。经法医鉴定，吴某某左侧第3至7肋骨骨折构成轻伤二级，左肘、左小腿体表挫伤构成轻微伤。次日1时50分，被告人朱祥祥被抽取血样。经鉴定，送检血样中乙醇含量为103.1mg/100mL。

被告人朱祥祥归案后如实供述了上述犯罪事实，且自愿认罪认罚。

靖江市人民法院经审理认为：

《中华人民共和国刑法》第二百七十七条第五款规定："暴力袭击正在依法执行职务的人民警察的，处三年以下有期徒刑、拘役或者管制；使用枪支、管制刀具，或者以驾驶机动车撞击等手段，严重危及其人身安全的，处三年以上七年以下有期徒刑。"依据该规定，袭警行为根据暴力程度的不同区分为两个档次，并配置轻重有别的两个幅度刑期，即基本犯的刑期和加重犯的刑期。辩护人认为，朱祥祥的行为符合基本犯的构成，不符合加重犯的构成，公诉机关认为其行为符合加重犯的构成，应予以严惩。法院认为，应当支持公诉机关意见，具体理由如下：

一、认定犯罪的情节类型应基于法律规定的通常理解和实质把握。为了有效界分袭警罪的基本犯和加重犯，立法上对加重处罚情节作了详细的描述，一方面对行为方式加以列举，揭示了三种常见行为类型，即使用枪支、管制刀具、驾驶机动车撞击，并用"等"表明不排除其他相当的手段；另一方面从行为危害性角度加以限定，即此类行为需达到"严重危及其人身安全"的程度。两个方面互为表里，缺一不可。从上述两个方面考察，本案中，朱祥祥具有加重处罚情节。

首先，从行为方式的角度，朱祥祥的行为与驾驶机动车撞击的行为具有相当性。与开车直接撞击人民警察实施暴力不同，朱祥祥系在警察吴某某、辅警徐某某二人将身体探入其驾驶室车窗内进行控制时，突然加速从勉强容纳一辆汽车通过的狭窄空间内冲撞逃离的，该行为虽非径直撞向警察，但会直接导致警察遭受旁边障碍物的撞击。监控视频亦反映，朱祥祥在强行通过时，吴某某、徐某某被作为路障的车辆直接挤压、摔倒在地，故该利用障碍物撞击的行为与直接撞击行为本质相同，危害后果相当。

其次，朱祥祥的行为在客观上已经严重危及警察的人身安全。判断行为暴力是否严重危及人身安全，需要重点考察行为的方式和具体环境下的潜在危险程度。酒后无证驾驶机动车，本已对社会公共安全构成较大威胁，在遇到检查时，强行闯卡，对警察人身安全的威胁急剧增加，更为严重的是，朱祥祥在加速逃跑时，先是将吴某某、徐某某挂在车辆一侧拖拽，继而与路障车辆挤压撞击，行为具有造成严重伤害后果的极端危险性，与作为基本犯的暴力行为存在危害程度上的本质差别。本案中，吴某某、徐某某被撞击致全身多处受伤，其中吴某某的伤情构成轻伤，故综合朱祥祥驾车的速度、现场环境和潜在的危险等多重因素，依法应认定该行为具有严重危及警察人身安全的性质。

二、朱祥祥的行为认定为加重犯符合罪责刑相适应的法律原则。《中华人民共和国刑法》第五条规定，刑罚的轻重，应当与犯罪分子所犯罪行和承担的刑事责任相适应。袭警罪系《中华人民共和国刑法修正案（十一）》新增的罪名，立法机关将暴力袭警的行为从妨害公务罪中剥离出来，是因为人民警察代表国家行使执法权，肩负着保护人民安全、维护社会稳定的重要职责，且身处打击违法犯罪第一线，工作环境相对复杂，面临的人身危险性更大，原先的妨害公务罪不能体现罪刑相当原则，不足以对暴力袭警行为形成有效震慑和打击。因此，新增的袭警罪调整了犯罪构成的内容，设立了加重处罚的情节，列举了常见的几种具有高度危险性的行为，配置了更为严厉的法定刑期。“严重危及”的立法用语表明，这一情节属于具体的危险犯，只要行为严重危及人身安全，即使没有造成实际的严重伤害，也不影响加重情节的适用。如此理解，才能实现对暴力袭警中的高度危险行为严厉惩治的立法意图，若以实际后果作为适用条件，行为人将面临故意伤害罪或故意杀人罪等更为严重的犯罪指控，本款规定就失去了独立存在的意义。辩护人所提“朱祥祥的行为未严重危及人民警察的生命安全”的观点，属于对加重情节的错误理解，与案件事实不符，法院不予采纳。

三、对朱祥祥的行为予以严惩是弘扬敬畏法律、尊崇公德的必然要求。酒驾系长期以来危害社会公众生命财产安全的违法犯罪行为。交警深夜设卡，严查酒驾，目的在于保护人民群众生命财产安全，维护社会公共安全利益，从源头上防止和减少危害公共安全尤其是重大公共安全事故发生的必要举措，受到人民群众的支持和欢迎。街头执勤的人民警察，不仅要经受酷暑严寒等恶劣天气的考验，而且要有随时面对各种风险伤害的牺牲精神，他们的执法行为得到了全社会的尊重、支持与配合，但仍有极少数犯罪分子心存侥幸，暴力抗法，给人民警察的生命安全带来不应有的风险和挑战。其中尤以驾车冲撞危害为甚，常常会导致人民警察严重伤害或死亡的结果。从本案的现场监控视频来看，朱祥祥加速逃跑，完全漠视警察的生命健康与安全，犯罪意图坚决，主观恶性颇深。违反法律后，能否知过改过，考验着公民的法律素养和品行修为；冲动任性，不仅于事无补，还将他人置于危险之中，最终落得加重处罚的结果。通过本案也向社会呼吁，在认真学习宪法法律的同时，养成践行法律的良好习惯，给予人民警察更多的理解、支持和帮助，没有他们的付出和坚守，就没有社会的和谐与安宁。在中国特色社会主义法治建设进程中，每个人都既是参与者、建设者，也是分享者、受益者，自治、法治、德治有机结合，才有更加和谐、美丽、文明的社会环境。

综上，被告人朱祥祥暴力袭击正在依法执行职务的人民警察，其暴力手段已严重危及人民警察人身安全，其行为已构成袭警罪；朱祥祥违反道路交通安全法律法规，醉酒后在道路上驾驶机动车，其行为已构成危险驾驶罪，应依法处罚。朱祥祥犯有两罪，应当实行数罪并罚。朱祥祥归案后如实供述自己的罪行，依法可以从轻处罚；自愿如实供述自己的罪行，承认指控的犯罪事实，愿意接受处罚，可以依法从宽处理。朱祥祥曾因盗窃、危险驾驶受过刑事处罚，故酌情从重处罚。

据此，依照《中华人民共和国刑法》第二百七十七条第五款、第一百三十三条之一第一款第二项、第六十九条、第六十七条第三款以及《中华人民共和国刑事诉讼法》第十五条之规定，靖江市人民法院于2021年12月3日作出（2021）苏1282刑初391号刑事判决：被告人朱祥祥犯袭警罪，判处有期徒刑三年六个月；犯危险驾驶罪，判处拘役二个月，并处罚金人民币二千元。决定执行有期徒刑三年六个月，并处罚金人民币二千元。

一审宣判后，被告人未上诉，检察机关未提出抗诉，一审判决已经发生法律效力。

案例报送单位：靖江市人民法院
一审合议庭成员：吴阳晨、徐旭东、朱彦霖
报送人：周军生、陈蓉蓉、吴阳晨
审稿人：戴鲁霖

索莉娜诉徐锦产品销售者责任纠纷案

（2022）参阅案例5号

【裁判摘要】

团购组织者通过互联网等信息网络，以自己的名义长期从事推销商品、提供购买链接、协调售后服务等活动，获取佣金、提成等经济利益，且未以足以使消费者辨别的方式标明其并非销售者，消费者主张该团购组织者承担商品销售者责任的，人民法院应予支持。

【相关法条】

1.《中华人民共和国消费者权益保护法》第三条　经营者为消费者提供其生产、销售的商品或者提供服务，应当遵守本法；本法未作规定的，应当遵守其他有关法律、法规。

第五十五条第一款　经营者提供商品或者服务有欺诈行为的，应当按照消费者的要求增加赔偿其受到的损失,增加赔偿的金额为消费者购买商品的价款或者接受服务的费用的三倍;增加赔偿的金额不足五百元的,为五百元。法律另有规定的,依照其规定。

2.《中华人民共和国电子商务法》第九条　本法所称电子商务经营者,是指通过互联网等信息网络从事销售商品或者提供服务的经营活动的自然人、法人和非法人组织,包括电子商务平台经营者、平台内经营者以及通过自建网站、其他网络服务销售商品或者提供服务的电子商务经营者。

本法所称电子商务平台经营者,是指在电子商务中为交易双方或者多方提供网络经营场所、交易撮合、信息发布等服务,供交易双方或者多方独立开展交易活动的法人或者非法人组织。

本法所称平台内经营者,是指通过电子商务平台销售商品或者提供服务的电子商务经营者。

【点评】

近年来,因网络经济的蓬勃发展和疫情叠加的影响,网络团购成为时下流行的消费模式。网络团购打破传统销售模式时空壁垒的同时,也模糊了销售过程中各主体间的既有界限。在消费者权益受到侵害时,团购团长的法律身份如何认定及其是否应当承担销售者责任,成为司法实践中亟待解决的问题。本案系微信群团购商品引发的产品销售者责任纠纷。被告通过群接龙微信小程序这一新型线上销售平台,申请成为商家的帮卖团长后,组织社区成员团购,获取相应佣金。法院综合考虑被告是否以营利为目的、与商家的合作模式、交易过程、消费者认知等情况,认定其属于《中华人民共和国消费者权益保护法》中规定的"经营者"。本案将有偿帮卖型团长与好意施惠型团长予以区分,依法准确界定团购组织者的身份及相应法律责任,与 2022 年 3 月 15 日起施行的《最高人民法院关于审理网络消费纠纷案件适用法律若干问题的规定(一)》中关于经营者身份认定的精神一致,为实践中的模糊认识作出指引。本案判决对于保护消费者合法权益,引导新业态健康发展具有积极意义。

原告：索莉娜，女，47岁，住南京市建邺区。

被告：徐锦，女，51岁，住南京市建邺区。

原告索莉娜因与被告徐锦产品销售者责任纠纷一案，向南京市建邺区人民法院提起诉讼。

原告索莉娜诉称：原告在被告徐锦处购买无印良品床上四件套，价格为169元。购买前，原告在群里咨询，被告承诺是正品，因疫情无法出口，优惠出售。考虑专卖店打完折也是200元左右的价格，原告相信是正品。收货后，原告感觉是假货，就到华采天地的无印良品店扫二维码验真假，店员扫不出此商品。于是，原告电话要求退货，被告立刻将其踢出微信群。原告去市场监督局查询商品真假，要求退一赔三，并联系了无印良品的店长，再次确认案涉商品是假货。在原告投诉的两个月时间里，被告一直未提供商品的质检证明，且不停销售其他假货，涉及多个品牌，现被告已经将相关链接删除。为维护自身合法权益，原告诉至法院，请求判令：(1)被告退一赔三，即退还原告货款169元并赔偿507元；(2)被告承担本案诉讼费。

被告徐锦未发表答辩意见。

南京市建邺区人民法院一审查明：

2020年6月29日，原告索莉娜在微信群中向被告徐锦购买了无印良品床上四件套，并微信转账至被告指定账户169元。到货后，原告索莉娜发现并非无印良品的产品，并向被告指出。被告徐锦表示可以退货，并于2020年7月8日向原告微信转款169元，原告未接收退款。2020年9月9日，原告向南京市建邺区市场监督管理局沙洲分局投诉，要求退货并提出退一赔三的要求。南京市建邺区市场监督管理局沙洲分局组织原、被告双方调解，被告同意退货，但不接受原告退一赔三的方案，导致调解不成。

南京市建邺区人民法院一审认为，《中华人民共和国消费者权益保护法》第五十五条中规定："经营者提供商品或者服务有欺诈行为的，应当按照消费者的要求增加赔偿其受到的损失，增加赔偿的金额为消费者购买商品的价款或者接受服务的费用的三倍。"本案中，被告徐锦向原告索莉娜销售假冒"无印良品"的床上用品四件套，存在欺诈行为，应当退还原告索莉娜货款并按照原告索莉娜的要求增加货款的三倍赔偿其受到的损失。被告徐锦经法院合法传唤未到庭应诉，视为其放弃自身诉讼权利，依法对其缺席判决。

综上，南京市建邺区人民法院依照《中华人民共和国消费者权益保护法》第四十四条、第五十五条，《中华人民共和国民事诉讼法》第六十四条、第一百四十四条的规定，于2021年4月14日作出(2020)苏0105民初7375号民事判决：

被告徐锦于判决生效之日起十日内退

还原告索莉娜货款 169 元，并支付三倍赔偿款 507 元；原告索莉娜同时将货品退还被告。

一审判决后，徐锦不服，向南京市中级人民法院提起上诉。

徐锦上诉称：(1)其不是本案适格被告，不是案涉商品的销售者，案涉商品的销售者是广西尚食科技有限公司。本案所涉群接龙微信小程序系新型线上销售商品平台，平台用户可以参与帮卖成为商品的销售推广“团长”，商品推广信息系小程序自动生成。每增加一位通过“团长”的推广链接成功购买商品的消费者，“团长”可以取得相应佣金。帮卖商品的价款接收、发货、售后均与“团长”无关。一审判决认定其为本案销售者无事实依据，其向索莉娜退款以及参与南京市建邺区市场监督管理局的调解活动系经发布邀请推广商品信息者同意后，为缓解矛盾、及时息事宁人所为，不能证明其销售者地位。其成为案涉商品的帮卖“团长”后，全程与货款、商品无接触，仅在促成订单后获得佣金；(2)索莉娜并非因生活消费购入案涉商品，而是为了污蔑其信誉，逼迫其退出竞争关系而进行的购买，不属于消费者权益保护法所保护的“消费者”；(3)索莉娜购买时明知案涉商品并非官方出售商品，其不存在欺诈行为，不应当承担三倍赔偿责任。案涉商品详情信息页明确标注该商品为“代工厂长期直供出口日本”产品。索莉娜购买前多次询问是否为正品，其给予明确答复为“代工产品”，结合案涉商品价格明显低于国内无印良品商店所售价格，索莉娜在购买时应当已明确知晓案涉商品与国内官方商品销售商品并不相同；(4)案涉商品不属于假冒商品，索莉娜未提交证据证明案涉商品属于假冒商品。案涉商品并未以无印良品正品名义进行销售，一直宣传的都是代工产品。索莉娜在一审中也未举证证明案涉商品属于假冒商品，一审判决事实认定错误，遂请求二审法院撤销一审判决，驳回索莉娜的全部诉讼请求。

索莉娜辩称：(1)根据群接龙用户协议，群接龙发起人是销售者和平台内的经营者，因此徐锦是案涉商品的销售者；(2)其提供案涉商品证明与正品存在差异，有初步证据证明是假冒商品。根据消费者权益保护法，徐锦应当提供产品生产者信息及检验合格证明；徐锦主张案涉商品为代工产品，则应当举证代工产品的委托生产的相关凭证，但均未予以证明，应当承担不利后果。请求驳回徐锦的上诉请求。

南京市中级人民法院经二审审理，确认了一审查明的事实。

二审法院另查明，本案交易发生在群接龙微信小程序，该平台的开发者为广西尚食科技有限公司。案涉商品系徐锦购买使用过后认为物超所值而从“TX”商家处申请的帮卖，售价为 169 元一套，每卖出一套，其可获得佣金30元，双方之间无电子协议。商品帮卖链接会自行产生宣传文字、图片，可以进行修改、删减，案涉商品是直接以“TX”商家的图片和文字进行推广宣传的。在“朗诗～宋都 商家业主群”中，徐锦曾明确表述“四件套是代工的”“这个是国内正品授权”，群接龙小程序也标明“MUJI 无印良品全棉色织水洗棉四件套……爆款来袭原代工厂长期直供出口日本因疫情滞留，现抄底价……”等推荐语。

南京市中级人民法院二审认为，《中华人民共和国消费者权益保护法》第五十五条规定，经营者提供商品或者服务有欺诈行为的，应当按照消费者的要求增加赔偿其受到的损失，增加赔偿的金额为消费者购买商品的价款或者接受服务的费用的三倍。本案二审争议焦点为：(1)徐锦是否为案涉商品的销售者；(2)锦是否存在消费欺诈行为。

关于徐锦是否为案涉商品销售者。《中华人民共和国消费者权益保护法》第三条中规定，经营者为消费者提供其生产、销售的商品或者提供服务，应当遵守本法。《中华人民共和国电子商务法》第九条中规定，电子商务经营者，是指通过互联网等信息网络从事销售商品或者提供服务的经营活动的自然人、法人和非法人组织。本案所涉群接龙微信小程序中的“帮卖”程序作为一种新兴的线上销售模式，其本质仍是以营利为目的，利用信息网络进行商品交易，从而成立网络购物合同。徐锦作为案涉商品的帮卖团长，通过编辑、转发商品具体信息、图片至微信群的方式推广商品，并以营利为目的持续对外销售商品，是案涉商品的销售者，属于《中华人民共和国消费者权益保护法》规定的经营者。索莉娜直接向徐锦购买案涉商品，徐锦是否直接接触货款、商品不影响其身份的认定。

关于徐锦是否存在消费欺诈行为。二审法院认为，是否存在欺诈行为以及应否承担三倍赔偿责任，应当综合考量案涉商品品牌、材质、性能等是否与宣传内容相符，销售者是否存在主观故意，以及是否导致消费者陷于错误认识而作出购买决定等因素。本案中，徐锦在销售案涉商品时，以“MUJI 无印良品全棉色织水洗棉四件套”进行宣传推广，并声称系“国内正品授权”。在推广信息中使用“因疫情滞留”“抄底价”“活动开团价”等表述，容易使消费者误认为能够以较低的价格购买到因疫情而未能正常交付的“无印良品”正品。对于索莉娜在购买案涉商品询问是否为正品，徐锦虽答复称是“代工产品”，并截图百度百科“代工现象”解释代工的含义，但并未进行正面答复，而且实际交付消费者的案涉商品亦挂有“无印良品”标牌。综合上述交易过程，二审法院认定徐锦构成消费欺诈，应当承担三倍赔偿责任。徐锦主张索莉娜系有预谋的恶意竞争而购买案涉商品，目的是污蔑其信誉，逼迫其退出朗诗小区群接龙活动,但未提供证据予以证明,不予采信。

综上,徐锦的上诉请求不能成立,应予驳回;一审判决认定事实清楚,适用法律正确,应予维持。依照《中华人民共和国民事诉讼法》第一百七十条第一款第一项规定,南京市中级人民法院于2021年10月27日作出(2021)苏01民终8133号民事判决:

驳回上诉,维持原判。

案例报送单位:南京市中级人民法院

一审独任审判员:宋毅刚

二审合议庭成员:洪　霞、朱　莺、王世耀

报送人:洪　霞、周温涛

审稿人:戴鲁霖

张建军诉沈阳永鹤利鸣商贸有限公司网络购物合同纠纷案

(2022)参阅案例6号

【裁判摘要】

网络购物中,不具备拍卖资质的经营者通过交易平台提供的网络竞价技术服务,采取公开竞价的方式向不特定买受人出售商品的行为,不属于《中华人民共和国拍卖法》的调整范围,应当适用买卖合同的相关规定。

【相关法条】

1.《中华人民共和国拍卖法》第二条　本法适用于中华人民共和国境内拍卖企业进行的拍卖活动。

第三条　拍卖是指以公开竞价的形式,将特定物品或者财产权利转让给最高应价者的买卖方式。

第十条　拍卖人是指依照本法和《中华人民共和国公司法》设立的从事拍卖活动的企业法人。

2.《中华人民共和国合同法》第一百一十条　当事人一方不履行非金钱债

务或者履行非金钱债务不符合约定的,对方可以要求履行,但有下列情形之一的除外:

(一)法律上或者事实上不能履行;

(二)债务的标的不适于强制履行或者履行费用过高;

(三)债权人在合理期限内未要求履行。

第一百一十三条第一款　当事人一方不履行合同义务或者履行合同义务不符合约定,给对方造成损失的,损失赔偿额应当相当于因违约所造成的损失,包括合同履行后可以获得的利益,但不得超过违反合同一方订立合同时预见到或者应当预见到的因违反合同可能造成的损失。

第一百三十条　买卖合同是出卖人转移标的物的所有权于买受人,买受人支付价款的合同。

【点评】

随着我国数字经济的蓬勃发展,网络购物已经成为日常生活的重要组成部分。伴随网络经济的快速发展,网络购物引发的纠纷案件呈现出快速增长的特点,司法实践中也出现一些新情况、新问题。有的经营者出于营销等目的,采取1元底价甚至0元底价的"竞拍"方式吸引消费者,有时甚至出现"竞拍"成交价明显低于商品市场价,经营者不愿意履行交货义务的情况,本案即属此种情形。现实中,对于具有"公开竞价和最高应价者得"特征的新型网络购物行为,一般按照字面意义将其称为"拍卖"。但在发生纠纷时,对于是否属于法律意义上的拍卖及各方主体之间的法律关系如何定性产生较大争议,需进一步明确相关法律的理解与适用。本案判决厘清了网络竞价交易与拍卖的边界,从主体资质、各方权利义务、交易模式等方面考察分析,认定涉案网络竞价交易引发的争议不应适用《中华人民共和国拍卖法》确定相关主体责任,而应当适用买卖合同的相关规定处理。

原告:张建军,男,27岁,住宿迁市宿城区。

被告:沈阳永鹤利鸣商贸有限公司,住所地中国(辽宁)自由贸易试验区沈阳片区机场路1005号G4026室。

原告张建军因与被告沈阳永鹤利鸣商贸有限公司(以下简称永鹤利鸣公司)网络购物合同纠纷一案,向宿迁市宿城区人民法院提起诉讼。

原告张建军诉称:2020年10月16日21时39分,原告张建军在淘宝网平台通过增价拍卖的方式以27001元拍到一块无保留价、起拍价为1元的积家1308470款万年历机械表,系统于21时45分生成订单信息,原告张建军于21时46分付款后通知被告永鹤利鸣公司发货。同日22时14分至22时18分,永鹤利鸣公司联系案涉手表该价格不能出售并不会发货。后经多次协商被告永鹤利鸣公司均不同意发货。请求判令:(1)判令被告永鹤利鸣公司继续履行合同,交付型号为积家1308470的98新机械男表一枚(如不能交付,则应赔偿91251元,以永鹤利鸣公司所经营淘宝店铺共计售出的四枚同款手表均价计算);(2)本案诉讼费用由被告永鹤利鸣公司负担。

被告永鹤利鸣公司辩称:(1)被告永鹤利鸣公司对标的物已没有所有权,事实上已履行不能;(2)原告张建军主张赔偿91251元没有事实和法律依据。张建军是竞拍行为,不是购买行为,本案性质定性错误。赔偿需要存在损失,属于客观事实的范围,原告张建军未提供证据证明;(3)原告张建军主张赔偿91251元计算方式没有事实和法律依据,其要求以被告永鹤利鸣公司出售的四枚同款手表均价计算属于主观臆断。竞拍行为属于商业行为,影响最终成交价的客观因素较多,其他拍卖行为与本案无关联性。本案标的物拍卖时属于特定物,其他拍卖行为的标的物亦属于特定物,不同标的物之间价值是不同的,没有比对的基础;(4)双方当事人对违约责任有明确约定,即《竞拍服务协议》《阿里拍卖平台管理规范》,其中后者明确赔付责任,被告永鹤利鸣公司同意按约定赔付。

宿迁市宿城区人民法院一审查明:

永鹤利鸣公司系淘宝网店"永鹤利鸣奢侈品"经营者。2020年10月16日,永鹤利鸣公司通过淘宝网阿里拍卖平台发布拍品一件,竞拍页面显示拍品名称为"[公价157000元][98新]积家大师系列万年历自动机械男表",拍卖类型:增价拍,起拍价:1元,保证金:200元,加价幅度:1000元,开拍时间:2020年10月16日0时0分,保留价:无,延时周期:5分/次。拍品描述产品参数载明,品牌:积家,系列:大师系列,型号:1308470(仅供参考),新旧程度:98新,另成色说明载明98新标准为整体成色较新、有不明显展示痕迹,接近未使用品。同日,张建军于21时39分56秒以27001元的价格竞拍成功,后淘宝网自动生成系统订单并向张建军发送核对订单信息。张建军确认订单信息后，系统自动生成的订单页面载明商品总价为 27001 元，张建军使用优惠券实付款为 26501 元并完成付款。后永鹤利鸣公司通过淘宝网平台发送信息告知无法履行发货义务。永鹤利鸣公司在庭审中表示张建军购买的手表已出售他人，无法履行交付手表义务。

淘宝网公布的《竞拍服务协议》部分内容载明如下：1.1　本协议由浙江淘宝网络有限公司、淘宝（中国）软件有限公司（以下可统称为“淘宝”）与参与竞拍的淘宝网及天猫买家（以下简称“买家”或“您”）签署。2.1　为维护淘宝网和天猫的拍卖交易秩序，规范买家与卖家的拍卖行为，保障拍卖买家与卖家的合法权益，依据《淘宝规则》《淘宝拍卖业务管理规范》和现有业务的规定拟定本协议。2.2　淘宝仅向您提供拍卖技术平台……拍卖技术平台上的拍品信息及拍品相关描述（以下统称“拍品信息”）均由卖家自主发布，您通过淘宝查询、浏览拍品信息并参与竞拍且竞拍成功的，您将受到您与卖家之间达成的买卖合同的约束。3.2　本协议内容包括协议正文、协议、《淘宝拍卖业务管理规范》以及所有淘宝已经发布的或将来可能发布的各类规则、操作流程。所有规则为协议不可分割的一部分，与协议正文具有同等的法律效力。淘宝有权根据需要不时地制定、修订本协议、附件或各类规则、操作流程，如有任何变更，淘宝将在网站上以公示形式通知您。任何修订和新规则及流程一经公布即自动生效，成为本协议的一部分。如您继续参加竞拍的，则视为您对修改后的条款不持异议并同意遵守。

淘宝网公布的《阿里拍卖平台管理规范》部分内容载明如下：第一条　为维护阿里拍卖平台交易秩序，规范阿里拍卖主体在阿里拍卖平台的行为，保障各方的合法权益，依据《淘宝平台服务协议》……以及竞买人参与竞拍时签订的各项竞拍服务协议等制定本规则。第五十一条　合作机构成交不卖，妨害竞买人权益的：（一）返还竞买人参与竞拍时锁定的保证金，并从合作机构经营保证金中划扣相应比例的金额至竞买人支付宝账户用以赔付竞买人，赔付比例：除汽车/房产以外的其他类目，竞买人锁定的对应拍品的保证金数额的 5 倍。

永鹤利鸣公司于 2020 年 7 月 9 日至 12 日通过淘宝网阿里拍卖平台发布同类型拍品，名称均为“［公价 157000 元］［98 新］积家大师系列万年历自动机械男表”，竞拍成交价分别为 83001 元、92001 元、92001 元、98001 元。

宿迁市宿城区人民法院一审认为，本案的争议焦点为：（1）本案双方之间的法律关系如何定性；（2）《竞拍服务协议》《阿里拍卖平台管理规范》是否属于案涉合同内容；（3）永鹤利鸣公司是否存在违约行为，如存在，张建军主张交付标的物的诉讼请求能否成立，如交付不能，张建军主张的损失是否具有事实和法律依据。

关于争议焦点一，永鹤利鸣公司通过拍卖平台发布拍品品牌、数量、型号、新旧程度等信息，并注明竞拍要求，系永鹤利鸣公司明确表示以不特定的淘宝用户通过增价竞拍的方式确定最终成交价格，淘宝网平台向竞拍成功的用户发送自动生成订单，张建军在提交确认订单后，双方即已形成买卖合同关系。张建军按约支付订单载明的价款后，永鹤利鸣公司负有交付标的物的义务。张建军竞拍成功后，对淘宝网系统将自动发送订单的行为，永鹤利鸣公司在发布拍品时即已明知，应受淘宝网平台相应管理规定的约束，系统发送订单的行为应视为永鹤利鸣公司的委托行为。根据《中华人民共和国拍卖法》的规定，拍卖成交后，买受人和拍卖人应当签署成交确认书。无论是现实中的拍卖还是网络中的拍卖，都是通过竞买人竞价行为确定买卖合同最终的买受人及合同价款，单纯的竞价行为并不属于购买行为。拍卖成交后双方需通过确认的方式订立买卖合同，本案网络拍卖同样是由买卖双方确认订单后买卖合同才宣告成立。

关于争议焦点二，淘宝网拍卖平台发布的《竞拍服务协议》《阿里拍卖平台管理规范》系淘宝网信息网络提供方为维护淘宝网拍卖平台秩序、规范平台用户行为所自行制定的管理规定，如不违反法律法规，该平台用户均应受其约束。本案买卖合同系双方真实意思表示，内容系双方就买卖合同事宜所作的相关约定，合同相对人为双方，双方当事人在网络平台使用过程中自愿遵守的规范不属订立合同的内容。

关于争议焦点三，买卖合同出卖人负有交付买受人标的物的义务。张建军在支付合同价款后，永鹤利鸣公司应履行交付案涉手表的义务。关于案涉买卖合同所约定的标的物属于特定物还是种类物，民法理论根据是否具有可替代性对物进行分类，具有特定特征或者被特定化无从替代的物为特定物，以品种、规格、质量或者度量衡确认的一类具有共同特征能被替代的物为种类物。永鹤利鸣公司在拍卖平台上发布用于拍卖的商品标明手表品牌、型号等参数，与其之前发布的其他用于拍卖的手表具有相同的特征，应认定为种类物。尽管该类手表新旧程度为98新，但永鹤利鸣公司未对同类同等新旧程度手表之间的差异作具体描述，该特征不具有明确的指向性，永鹤利鸣公司辩称其发布的不同拍品均有特定编号，但在商品展示页面没有载明，双方在订立买卖合同时并没有对标的物进行特定化约定，因此应认定为本案买卖合同的标的物为种类物。

本案张建军购买的该款98新手表虽为种类物，商品成色说明对该新旧程度也注明相应标准，但对该标准的判断具有较强的主观性，如强制要求被告履行交付义务，双方可能会对交付的标的物是否符合标准产生争议，为确保裁判文书内容明确、具体、便于执行，对张建军要求交付型号为积家1308470的98新机械男表一枚的诉讼请求，依法不予支持。当事人一方不履行合同义务或者履行合同义务不符合约定，造成对方损失的，损失赔偿额应当相当于因违约所造成的损失，包括合同履行后可以获得的利益；但是，不得超过违约一方订立合同时预见到或者应当预见到的因违约可能造成的损失。关于张建军主张如交付不能，按同类手表在永鹤利鸣公司竞拍成功的均价91251元承担损害赔偿责任，一审法院认为，永鹤利鸣公司拒不履行交付义务构成根本违约，应承担损害赔偿责任，其他买受人通过竞价方式在永鹤利鸣公司购买的四枚同类手表均价相当于该类手表的市场价值，永鹤利鸣公司不履行合同导致原告丧失应获得的该手表价值，属于张建军合同履行后可获得利益，张建军该主张符合法律规定，依法予以支持。永鹤利鸣公司辩称，应按《竞拍服务协议》《阿里拍卖平台管理规范》承担违约责任，因该协议、规范不属于双方之间的合同约定，永鹤利鸣公司的辩解意见无法律依据，依法不予采信。综上，依照《中华人民共和国合同法》第六十条、第一百一十三条、第一百三十条、第一百三十五条，《中华人民共和国民事诉讼法》第一百四十二条之规定，宿迁市宿城区人民法院于2021年4月28日作出(2020)苏1302民初9242号民事判决：被告沈阳永鹤利鸣商贸有限公司于判决生效之日起十日内赔偿原告张建军91251元。

一审宣判后，永鹤利鸣公司不服，向宿迁市中级人民法院提起上诉。

永鹤利鸣公司上诉称：撤销一审判决，改判驳回张建军全部诉讼请求。张建军负担本案全部诉讼费用。事实和理由：(1)淘宝网属于必要诉讼参与人，应当追加淘宝网参加诉讼。(2)一审判决引用《竞拍服务协议》《阿里拍卖平台管理规范》相关内容但又认为协议和规范对双方当事人不具有约束力，属于认定事实错误。(3)淘宝网发送确认订单的行为系其自身行为，不应视为永鹤利鸣公司的委托行为。(4)案涉拍卖手表属于特定物，一审判决认定为种类物错误。如果二审法院坚持认定为种类物，永鹤利鸣公司可以继续履行。(5)张建军诉讼请求不明确且相互矛盾，一审判决超出张建军的诉请。(6)张建军主张的损失应当受到可预见规则限制，永鹤利鸣公司可预见的损失就是5倍保证金。张健军主张损失91251元与违约行为之间不存在因果联系。张建军主张的公允价格不存在。

被上诉人张建军辩称,(1)淘宝网仅是技术平台的提供者,并非案涉合同的当事人。(2)案涉合同不受《竞拍服务协议》《阿里拍平台管理规范》约束。(3)永鹤利鸣公司对拍卖成功后淘宝网向买家发送确认订单是知情且认可的,如其不同意淘宝网发送订单也无法入驻淘宝拍卖平台,该行为系明确的委托行为。(4)案涉展示图片上的表身编号已被永鹤利鸣公司刻意用马赛克盖住,买卖合同中也未对标的物进行特定化约定,故根据拍卖公告信息描述不足以认定案涉手表为特定物。(5)即使案涉手表是特定物,也有其应有的市场价值,拒不履行合同也应赔偿损失,永鹤利鸣公司已成功拍卖多块同类手表,应当能够预见案涉手表的价值。综上,一审法院认定事实清楚,适用法律正确,请求维持原判。

宿迁市中级人民法院经二审审理,确认了一审查明的事实。

二审法院另查明,张建军以诉讼解决争议为由未接受淘宝平台 5 倍保证金赔付。永鹤利鸣公司未向张建军退还拍卖价款 27001 元。网页图片中的案涉手表机身编号被涂抹。

宿迁市中级人民法院二审认为,本案二审争议焦点为:(1)本案能否适用《中华人民共和国拍卖法》相关规定;(2)本案是否应当追加淘宝网参加诉讼;(3)案涉合同能否继续履行,如果不能继续履行张建军主张的赔偿责任范围如何确定。

一、关于本案能否适用《中华人民共和国拍卖法》的问题

1. 案涉《竞拍服务协议》是否对双方当事人具有约束力。《竞拍服务协议》是淘宝网为维护平台"拍卖"交易秩序,规范买家与卖家的"拍卖"行为,保障买家与卖家合法权益而制定的协议。该协议虽然不属于双方当事人要约和承诺的内容,但因"拍卖"主体通过页面点击确认或以其他方式接受协议约束,故该协议对双方具有约束力,属于双方当事人之间买卖合同的组成部分。

2. 本案是否适用《中华人民共和国拍卖法》相关规定。《中华人民共和国拍卖法》第三条规定,拍卖是指以公开竞价的形式,将特定物品或者财产权利转让给最高应价者的买卖方式。案涉《竞拍服务协议》第 4.1 条规定,拍卖是指卖家以拍卖方式发布拍品,采用公开竞价形式,由竞拍成功者最终获得拍品的交易方式,故本案符合拍卖的公开竞价和最高应价者得的基本特征。但是,根据《中华人民共和国拍卖法》第二条的规定,本法适用于中华人民共和国境内拍卖企业进行的拍卖活动。第十条规定,拍卖人是指依照本法和《中

华人民共和国公司法》设立的从事拍卖活动的企业法人。故是否适用《中华人民共和国拍卖法》还取决于案涉“拍卖”交易中各方当事人的权利与义务,具体是指淘宝网系拍卖人还是交易平台的提供者。案涉《竞拍服务协议》第9.2条规定,淘宝网仅提供技术平台,并非交易的参与方。且从实际的交易模式来看,淘宝网仅是网络竞价技术平台的提供者,卖家通过交易平台发布竞拍广告,买家通过交易平台公开竞价,淘宝网并非拍卖法律关系项下的拍卖人。因此,本案不适用《中华人民共和国拍卖法》相关规定。

3.本案适用法律如何确定。《中华人民共和国合同法》第一百二十四条规定,本法分则或者其他法律没有明文规定的合同,适用本法总则的规定,并可以参照本法分则或者其他法律最相类似的规定。第一百三十条规定,买卖合同是出卖人转移标的物的所有权于买受人,买受人支付价款的合同。本案中,永鹤利鸣公司在淘宝交易平台通过公开竞价的方式将手表出卖给不特定买受人,买受人按照竞价规则支付对价,符合买卖合同的基本特征,故可以参照适用买卖合同相关规定。永鹤利鸣公司采取1元起拍且无保留价的“拍卖”方式并发送“拍卖”公告属于要约,张建军的最高应价行为为承诺,成交合同即成立。核对订单信息并非合同成立的要件,只是对订单信息的确认。

二、关于是否应当追加淘宝网参加诉讼的问题

根据案涉《竞拍服务协议》第2.2条的规定,淘宝仅提供网络竞价技术平台。参与网络竞价且竞价成功的,将受到买家与卖家之间达成的买卖合同约束。据此,可以认定淘宝网仅是网络竞价技术平台的提供者,并非“拍卖”合同主体,本案的处理同淘宝网之间不存在法律上的利害关系,故永鹤利鸣公司主张淘宝网参加诉讼于法无据,依法不予支持。

三、关于案涉合同能否继续履行的问题

张建军诉请继续履行合同,如不能履行则主张赔偿损失。二审中,永鹤利鸣公司辩称张建军诉讼请求不明确、相互矛盾,一审判决超出当事人诉请。如判定案涉手表为种类物,则合同可以继续履行。宿迁市中级人民法院认为:首先,《中华人民共和国合同法》第一百零七条规定,当事人一方不履行合同义务或者履行合同义务不符合约定的,应当承担继续履行、采取补救措施或者赔偿损失等违约责任。该条未禁止继续履行和赔偿损失的违约责任并存适用。即便张建军的上述请求相互矛盾、不可并存,依据诉讼合并的基本法理,因继续履行与赔偿损失在逻辑上存在备位关系,即不能继续履行则应赔偿,故其诉请也可

以构成诉的客观预备合并，不存在法院代替当事人选择诉请的问题。其次，虽然本案“拍卖”发生在虚拟网络交易平台，买受人无法现场了解标的物情况，但永鹤利鸣公司在“拍卖”公告注明了“拍卖”手表的基本情况，新旧程度：98 新，整体成色较新、有不明显展示痕迹，接近未使用品，该种描述具有明确的指向性。且表身带有的编号具有唯一性，具有特定化的作用，故应认定案涉手表为特定物。最后，根据《中华人民共和国合同法》第一百一十条的规定，当事人一方不履行非金钱债务或者履行非金钱债务不符合约定的，对方可以要求履行，但有下列情形之一的除外：（一）法律上或者事实上不能履行；（二）债务的标的不适于强制履行或者履行费用过高；（三）债权人在合理期限内未要求履行。基于案涉手表特定物的特征，以及永鹤利鸣公司在一审明确表示张建军购买的手表已出售他人的事实，宿迁市中级人民法院认为，案涉手表不适于强制履行，客观上也无法履行。

四、关于损失范围及数额问题

根据《中华人民共和国合同法》第一百一十三条的规定，当事人一方不履行合同义务或者履行合同义务不符合约定，给对方造成损失的，损失赔偿额应当相当于因违约所造成的损失，包括合同履行后可以获得的利益，但不得超过违反合同一方订立合同时预见到或者应当预见到的因违反合同可能造成的损失，故损失赔偿额包括实际损失和预期利益损失。本案中，张建军主张永鹤利鸣公司应按照同类手表在其网店竞拍成功均价 91251 元承担赔偿责任。永鹤利鸣公司辩称二手手表作为特定物不存在公允价值，根据《阿里拍卖平台管理规范》的规定，成交不卖最多赔付 5 倍保证金。二审中，永鹤利鸣公司又辩称张建军的损失只是资金占用的损失。

1. 张建军主张按照同类手表在永鹤利鸣公司竞拍成功均价 91251 元赔偿是否合理。永鹤利鸣公司辩称同类手表交易均处于关闭状态，不具有参考性。宿迁市中级人民法院认为，交易关闭的前提是交易成功，即竞买人认可“拍卖”物的价值。交易关闭的原因存在多种情形，永鹤利鸣公司作为“拍卖人”应当知晓交易关闭原因，但其在规定期间并未作出合理解释。此外，永鹤利鸣公司作为专业从事二手奢侈品手表拍卖的商业主体，虽然对上述赔偿标准持有异议，但未在规定期间内向法院提交案涉手表相关市场参考价格，故张建军主张参照永鹤利鸣公司同类手表竞拍均价赔偿其损失具有合理性。

2. 永鹤利鸣公司在订立合同时预见到或者应当预见到的因违约给对方造成的损失范围如何确定。永鹤利鸣公司辩称其预见的因违约可能给对方造成的损失是 5 倍保证金。宿迁市中级人民法院认为,《阿里拍卖平台管理规范》第51条规定,卖家成交不卖的阿里拍卖平台有权返还竞买人参与竞拍时锁定的保证金,并从卖家处扣划保证金数额的5倍赔付竞买人。该规定客观上产生了拍卖人对竞买人赔偿的效果,但系阿里平台与商家的约定,仅对永鹤利鸣公司具有约束力,故5倍保证金赔付确系永鹤利鸣公司在订立合同时能够预见到因违反合同可能给对方造成的损失。但是,损害赔偿以实际损失为基础,保证金赔付不足以弥补实际损失的,违约方还应当继续承担赔偿责任。换言之,永鹤利鸣公司基于诚实信用原则,还应当预见到成交不卖的直接后果是张建军无法取得案涉手表所有权,而同类手表在永鹤利鸣公司存在多次成功拍卖,故永鹤利鸣公司在订立合同时应当知道案涉手表的价值,按照同类手表在永鹤利鸣公司竞拍成功均价赔偿亦未超出永鹤利鸣公司可预见的损失范围。但是,张建军不应从永鹤利鸣公司的违约行为中获利,即永鹤利鸣公司向张建军赔偿的91251元中应当包含保证金赔付金额。鉴于永鹤利鸣公司未向张建军退还拍卖价款,张建军未接受淘宝平台5倍保证金赔付,一审法院判决永鹤利鸣公司赔偿91251元并无不当。

综上所述,上诉人永鹤利鸣公司的上诉请求不能成立,应予驳回;一审判决认定事实清楚,适用法律正确,应予维持。依照《中华人民共和国民事诉讼法》第一百七十条第一款第一项的规定,宿迁市中级人民法院于2021年8月31日作出(2021)苏13民终2211号民事判决:

驳回上诉,维持原判。

案例报送单位:宿迁市中级人民法院
一审独任审判员:朱立申
二审合议庭成员:徐　兵、吴雪林、王　旺
报送人:王　旺
审稿人:宋大振

闫现朋盗窃再审宣告无罪案

（2022）参阅案例7号

【裁判摘要】

失主将手机遗落在人流量较大的公共场所，且目睹行为人捡拾手机全过程尚未意识到自己手机丢失，亦未予以制止。虽然失主距离手机较近，但是该手机已实际脱离失主实际控制或支配。行为人捡拾后不予归还的，不属于秘密窃取他人财物，属于《中华人民共和国刑法》第二百七十条第二款规定的“将他人的遗忘物非法占为己有”的行为，数额较大，拒不交出的，构成侵占罪。

【相关法条】

《中华人民共和国刑法》第二百七十条　将代为保管的他人财物非法占为己有，数额较大，拒不退还的，处二年以下有期徒刑、拘役或者罚金；数额巨大或者有其他严重情节的，处二年以上五年以下有期徒刑，并处罚金。

将他人的遗忘物或者埋藏物非法占为己有，数额较大，拒不交出的，依照前款的规定处罚。

本条罪，告诉的才处理。

第二百六十四条　盗窃公私财物，数额较大的，或者多次盗窃、入户盗窃、携带凶器盗窃、扒窃的，处三年以下有期徒刑、拘役或者管制，并处或者单处罚金；数额巨大或者有其他严重情节的，处三年以上十年以下有期徒刑，并处罚金；数额特别巨大或者有其他特别严重情节的，处十年以上有期徒刑或者无期徒刑，并处罚金或者没收财产。

【点评】

拾金不昧是中华民族的传统美德，但现实生活中捡拾他人财物占为己有现象时有发生。本案中,手机被遗落在人流量较大的公共场所,距离失主较近,但失主目睹了捡拾全过程尚未意识到自己手机丢失,亦未予以制止。对于被告人捡拾该手机不予归还的行为性质,再审法院综合考虑案发时空环境、涉案财物物理特征、被害人认知情况等,从社会一般观念出发,坚持罪刑法定和主客观相统一原则,准确认定涉案手机的法律状态,科学评判行为方式和行为人主观心态,准确区分盗窃罪与侵占罪的界限。同时,虽然将不具有刑罚可罚性、情节显著轻微的违法行为排除在犯罪行为之外,但对被告人的行为予以否定性评价。本案对类案裁判具有一定的指导作用。

原公诉机关:南京市建邺区人民检察院。

原审被告人:闫现朋,男,1988 年 11 月 14 日出生,初中文化,个体户,暂住南京市建邺区,户籍地河北省邯郸市广平县。2019 年 3 月 8 日,因涉嫌犯盗窃罪被取保候审。

南京市建邺区人民检察院指控被告人闫现朋犯盗窃罪,向南京市建邺区人民法院提起公诉。南京市建邺区人民法院于 2019 年 8 月 8 日判决认定闫现朋犯盗窃罪,判处罚金人民币二千元。宣判后,闫现朋提出上诉。南京市中级人民法院于 2019 年 11 月 27 日裁定驳回上诉,维持原判。闫现朋仍不服,向江苏省高级人民法院提出申诉,江苏省高级人民法院于 2021 年 6 月 15 日决定提审本案。

南京市建邺区人民检察院指控:2019 年 2 月 20 日,被告人闫现朋在南京市建邺区水西门大街云锦路地铁 3 号出口西侧附近,窃得被害人蔡某价值人民币 3174 元的华为牌 P20 手机一部。2019 年 2 月 27 日,被告人闫现朋被公安机关抓获归案。公诉机关认为,被告人闫现朋以非法占有为目的,秘密窃取他人财物,数额较大,应当以盗窃罪追究其刑事责任。

对公诉机关指控的事实,被告人闫现朋未作辩解。其辩护人辩称:(1)闫现朋没有秘密窃取的行为;(2)闫现朋主观上没有非法占有他人手机的故意;(3)闫现朋是捡得手机而非盗窃手机。闫现朋的行为不构成盗窃罪。

南京市建邺区人民法院一审查明:

2019 年 2 月 20 日 18 时 26 分许,被告人闫现朋在南京市建邺区水西门大街云锦路地铁 3 号出口西侧附近,窃得被害人蔡某价值人民币 3174 元的华为牌 P20 手机一部。2019 年 2 月 27 日,被告人闫现朋被公安机关抓获归案，到案后如实供述了上述事实。手机已发还被害人。

以上事实，有接受证据清单、手机购买发票证明、价格认定结论书、监控视频、辨认笔录、证人高某的证言、被害人蔡某的陈述、被告人闫现朋的供述和辩解等证据予以证明。其中：

监控视频证明，2019 年 2 月 20 日 18 时 26 分零 5 秒，被害人蔡某在高某的电动车右边，站在非机动车道边，面对着骑在电动车上的高某谈话，被告人闫现朋在非机动车道上由东向西走到高某的左边，18 时 26 分 20 秒弯腰在高某的脚边捡起手机放进衣服口袋，由西向东离开，蔡某与高某继续谈话。后闫现朋又骑电动车到马路对面，向案发地观望。

证人高某的证言证明，2019 年 2 月 20 日晚 6 时左右，其骑电动车带蔡某到云锦路地铁站 3 号口路边，蔡某下车站在其右侧的路边上两人聊天，没一会蔡某说她手机好像没了，摸了口袋翻了包都没找到，后其用手机打蔡某的微信语音电话，能接通但没人接，打手机号也没人接，再打手机号就关机了。在蔡某手机丢之前其发现有人从其旁边捡了东西。

被害人蔡某的陈述证明，2019 年 2 月 20 日晚 6 时左右，其搭乘同事高某的电动车到水西门大街云锦路地铁 3 号口，从电动车左边下车绕到高某的车子右边与高某聊天，发现一个骑电动车的男子路过后将车停下，折回来走到高某左脚边弯腰捡了一部手机，自己当时没在意是自己的手机，后男子骑车离开，其准备进地铁站拿手机听音乐，摸口袋发现手机不见了，翻包也未找到，就联想到那名男子捡的是其手机，就用高某手机拨打自己的手机，第一遍未接通，第二遍是短信呼，此时其确定是刚才骑电动车的男子拿了手机。

被告人闫现朋的供述和辩解证明，2019 年 2 月 20 日晚 6 时左右，其骑电动车沿水西门大街南边的非机动车道由西向东行驶至大屠杀纪念馆雕像正对面的路边时，看到地上有一部手机，手机旁边有两个女的在谈话，一个骑在电动车上，一个站着面对着手机的方向。其当时第一反应掉在地上的手机有可能是这两个女的，也有可能是路人掉的，因自己贪念将手机捡起放进口袋里。后内心很纠结要不要与该两名女的确认下手机是不是她们的，又绕着水西门大街绕两圈，后捡到的手机响了，第一遍没敢接，接着就把手机关了。这部手机是华为 P20，两三天后其在转转网上将手机以 2650 元卖了。

南京市建邺区人民法院一审认为：

关于辩护人提出的闫现朋没有秘密窃取行为的辩护意见。经查，被告人发现地上的手机后意识到掉手机的人有可能是被害人蔡某和高某的，其侧身捡起手机后迅速将手机放入自己的衣服口袋内，后骑电动车迅速离开。故该辩护意见不能成立，法院不予采纳。

关于辩护人提出的闫现朋主观上没有非法占有他人手机故意的辩护意见。经查，被告人捡手机后，被害人随即发现自己手机不在，翻口袋翻包寻找未果，意识到被告人捡的手机是自己的手机，即在原地借高某的手机拨打自己的手机微信语音，被告人拒接并关机。从被告人捡手机到被害人拨打微信语音间隔只有一分多钟，且被害人没有离开现场。故该辩护意见不能成立，法院不予采纳。

掉在地上的手机仍由被害人占有。手机掉在被害人的脚边，被害人对手机在物理上的占有虽然松弛，但被害人仍然具有明显、强烈的占有意思，根据一般社会观念，手机在被害人脚边，他人直观感受就是被害人掉的手机，手机仍然属于被害人占有的财物，占有自然而然存在。

综上，被告人闫现朋以非法占有为目的，秘密窃取他人财物，数额较大，其行为已构成盗窃罪。被告人闫现朋到案后如实供述自己的罪行，依法从轻处罚；被盗手机已发还被害人，酌情从轻处罚。据此，依照《中华人民共和国刑法》第二百六十四条、第六十七条第三款、第五十二条、第五十三条的规定，南京市建邺区人民法院于 2019 年 8 月 8 日作出（2019）苏 0105 刑初 133 号刑事判决：

被告人闫现朋犯盗窃罪，判处罚金人民币二千元。

一审宣判后，被告人闫现朋不服，向南京市中级人民法院提起上诉。

闫现朋及其辩护人称：（1）侦查人员对闫现朋有诱供、恐吓等行为，相关口供不是闫现朋的真实意思表示。（2）一审判决认定闫现朋的行为构成盗窃罪有误。首先，客观上闫现朋没有秘密窃取的行为，其在蔡某（手机主人）身边捡到遗落在非机动车道上的涉案手机，当时蔡某明知其捡手机也没有提出异议，所以不能认定闫现朋盗窃蔡某的手机。其次，主观上闫现朋没有非法占有他人手机的故意，其无盗窃的主观意图。闫现朋看到非机动车道上被丢失的手机，此时手机已经离开所有权人的控制，闫现朋不知道涉案手机是不是有主之物，所以不存在非法占有的目的。

南京市中级人民法院经二审审理，确认了一审查明的事实。

南京市中级人民法院二审认为：

关于上诉人闫现朋及其辩护人提出“侦查人员对闫现朋有诱供、恐吓等行为，相关口供不是闫现朋的真实意思表示”的上诉意见、辩护意见。经查，上诉人闫现朋及其辩护人均未提交相关证据或者证据线索，以证实侦查人员对闫现朋存在诱供、恐吓等行为；上诉人闫现朋的供述材料来源合法并经其阅看后签字确认，而且口供的主要内容与一审庭审时当庭供述相符，与被害人陈述、证人证言、监控视频等证据相互印证。故闫现朋的供述应当作为本案证据予以采纳，该上诉意见、辩护意见不能成立，法院不予采纳。

关于上诉人闫现朋的行为是否构成盗窃罪的问题。经查，上诉人闫现朋在侦查阶段及一审庭审中均供述，其看见被害人在路边与他人谈话，涉案手机在被害人脚边（约四五十厘米远），“我想过手机有可能是这两人中的一个人的，也有可能是其他人的”，而且闫现朋在侦查阶段还供述，其认为涉案手机很有可能是被害人她们的，出于贪念的心态故捡拾该手机时没有向她们确认。而且，被害人陈述、证人高某的证言、手机微信截图等证据证实，涉案手机被捡走一分多钟后，被害人在案发现场拨打微信语音电话，闫现朋拒接并且关机。在案证据足以证实，上诉人闫现朋有非法占有涉案手机的故意。虽然涉案手机掉在被害人的脚边，但并未完全脱离被害人的占有；根据社会一般人的观念，该手机应当是被害人掉落之物品，而且上诉人闫现朋也是如此认为的，所以涉案手机仍然处于被害人占有并控制的状态。闫现朋捡起该手机迅速放入自己的口袋内并马上离开现场，应当认定为刑法上“秘密窃取”的行为。上诉人闫现朋的行为符合盗窃罪的犯罪构成要件，其行为已经构成盗窃罪。故相关上诉意见、辩护意见无事实和法律依据，法院不予采纳。

综上，上诉人闫现朋以非法占有为目的，秘密窃取他人财物，数额较大，其行为已构成盗窃罪。原审判决事实清楚，证据确实、充分，定性准确，量刑适当，审判程序合法，应予维持。据此，依照《中华人民共和国刑事诉讼法》第二百三十六条第一款第一项之规定，南京市中级人民法院于2019年11月27日作出（2019）苏01刑终818号刑事裁定：

驳回上诉，维持原判。

上述裁判发生法律效力后，闫现朋不服，向江苏省高级人民法院提出申诉。江苏省高级人民法院于2021年6月15日作出（2020）苏刑申284号再审决定，提审本案。

闫现朋及其辩护人辩称：闫现朋没有采用秘密窃取的手段获得他人财物，其仅是捡拾他人的遗失物，不构成盗窃罪；闫现朋还辩称公安侦查人员对其有诱供、恐吓等行为，在侦查阶段的口供不是其真实意思表示，且对涉案手机的价格认定结论有异议。

江苏省人民检察院出庭检察员认为：原裁判认定事实清楚，定性准确，量刑适当，审判程序合法，原审被告人申诉理由不能成立，应当依法驳回申诉，维持原判。

江苏省高级人民法院经再审查明：

2019年2月20日18时许，失主蔡某搭乘同事高某的电动车到南京市水西门大街云锦路地铁站3号出口西侧附近，从电动车左侧下车绕到右侧，站在非机动车道边面对着骑在电动车上的高某聊天。下车时，蔡某的手机从口袋滑落在高某左侧地面上。闫现朋骑电动车路过时看到该手机，便将车停下，折回来走到高某身边捡起手机离开，蔡某目睹闫现朋捡拾手机的全过程。后蔡某准备进地铁站拿手机听音乐，发现手机丢失，即用高某手机拨打自己手机，闫现朋未接，接着将手机关机。2019年2月27日，闫现朋被公安机关抓获归案，到案后如实供述了上述事实。经鉴定该手机价值人民币3174元。

江苏省高级人民法院再审认为：

（一）关于原审被告人闫现朋及其辩护人提出侦查阶段口供不是其真实意思表示，涉案手机价格认定结论有异议的辩解和辩护意见。经查，本案无证据或证据线索证明公安侦查人员对闫现朋存在诱供、恐吓行为，在卷的供述材料均经其阅看后签字，涉案手机的价格认定结论是有鉴定资质的鉴定机构依法定程序作出，合法有效。故原审被告人闫现朋的辩解和其辩护人的辩护意见不成立，法院不予采纳。

（二）关于原审被告人闫现朋的行为是否构成盗窃罪。闫现朋捡拾他人遗失手机后占为己有，在失主打电话联系时采取关机的手段不予归还，其行为尚不构成盗窃罪，理由如下：

1.现有证据不足以证明涉案手机仍在被害人蔡某有效控制或支配之下。盗窃罪的犯罪对象系他人实际控制或占有的公私财物，其特征是他人在客观上对财物实际控制或支配，在主观上已经形成了控制或支配财物的意识，而涉案手机并不具备上述特征。首先，本案中，案发现场系人流量较大的公共场所，涉案手机属小件物品，失落在人来人往的非机动车道上，虽然被害人蔡某在旁边与他人聊天，距离手机较近，但不足以认定涉案手机仍在其有效控制或支配之下。其次，被害人蔡某的陈述、证人高某的证言均证实，蔡某并不知道其手机掉落到马路上，其目睹了闫现朋骑车停车后折回捡拾手机的完整过程，仍然没有意识到其手机已经遗失，未作出任何反应，直到准备进地铁站时才发现手机丢失。以上事实表明，失主蔡某客观上已经失去了对涉案手机的实际控制或支配，主观上也没有形成对失落的涉案手机控制或支配的意识。

2.闫现朋没有秘密窃取他人财物的客观行为。闫现朋看到失落在非机动车道上的手机后予以捡拾，其行为发生于公共场所，一旁的被害人蔡某与证人高某均证实二人目睹了全过程，均知晓闫现朋捡拾手机，故闫现朋的行为不具有秘密窃取的性质。

3. 现有证据不足以证明闫现朋具有盗窃他人财物的主观故意。闫现朋捡拾手机发生在人流量较大的非机动车道上，一旁被害人蔡某虽然看到了也未予制止，本案无证据证明闫现朋看到了被害人蔡某丢失手机，故闫现朋关于其认为涉案手机是遗失物，可能是被害人也可能是其他路人的供述符合一般社会公众的认知，具有可信度。现有证据证明闫现朋有非法占有他人遗失财物的目的，但不足以证明闫现朋具有盗窃他人财物的主观故意。

综上，原审判决认定其通过秘密窃取的手段占有他人财物，证据不确实、不充分，原审被告人闫现朋及其辩护人提出的这一辩解、辩护意见成立，法院予以采纳。

（三）原审被告人闫现朋的行为属于非法侵占他人遗失物，但不构成犯罪。闫现朋拾得他人手机，在失主电话联系后关机以达到不予归还的目的，其行为属于非法侵占他人遗失物的行为，但鉴于涉案手机价值未达犯罪数额标准，且其在失主报案后主动将手机加价购回并返还失主，在诉讼过程中亦认识到自身行为错误，表示后悔，对其可不予刑事处罚。

综上，原一、二审裁判认定原审被告人闫现朋的行为构成盗窃罪，属于适用法律错误，应当依法纠正。对闫现朋及其辩护人提出的改判闫现朋无罪的意见，予以采纳。据此，经审判委员会研究决定，依照《中华人民共和国刑事诉讼法》第二百五十六条和《最高人民法院关于适用〈中华人民共和国刑事诉讼法〉的解释》第四百七十二条第一款第三项之规定，江苏省高级人民法院于2021年11月12日作出（2021）苏刑再1号刑事判决：

一、撤销南京市建邺区人民法院（2019）苏0105刑初133号刑事判决和南京市中级人民法院（2019）苏01刑终818号刑事裁定；

二、原审被告人闫现朋无罪。

案例报送单位：省法院审判监督庭

再审合议庭成员：杨朝晖、查华荣、胡　华

报送人：杨朝晖、刘文福

审稿人：戴鲁霖

傅敏、合肥三原图书出版服务有限公司
诉应急管理出版社有限公司等
侵害著作权及不正当竞争纠纷案

【编者按】

傅敏版的《傅雷家书》是我国著名的畅销书，侵犯该书著作权的纠纷时有发生。2017年，傅雷夫妇去世已过50年，其撰写的包括家信在内的作品进入公有领域，但围绕《傅雷家书》的纠纷却仍在继续，并且出现新的问题。一是出版社在汇编已进入公有领域的傅雷夫妇家信时存在不同程度的内容删减，是否侵害了傅雷对其家信作品的修改权？二是《傅雷家书》的原汇编者傅敏能否将该图书书名以“一定影响的商品名称”禁止他人在选编进入公有领域的傅雷夫妇家信出版时冠以《傅雷家书》书名？本案二审判决并未遵循多数案件的裁判思路，给出了截然不同的结论。被诉侵权图书仅是节选傅雷家信作品的片段，并未对作品片段中的内容作出任何改动，未侵害原作品作者的修改权。被诉侵权图书将汇编的傅雷家信命名为《傅雷家书》，是对该作品内容客观表述的正当使用，不构成不正当竞争。该裁判文书逻辑严密、层次分明、说理充分，判决确定的裁判规则厘清了公众合法利用进入公有领域作品的边界，体现了司法对社会价值的指引作用，入选第四届全国法院“百篇优秀裁判文书”。

江苏省高级人民法院
民事判决书

(2019)苏民终955号

上诉人(原审被告)：应急管理出版社有限公司，住所地北京市朝阳区芍药居35号。

法定代表人：贺佑国，该公司董事长。

委托诉讼代理人:何青元,山东耕清读雨律师事务所律师。

被上诉人(原审原告):傅敏,男,1937年4月15日出生,汉族,住北京市西城区裕中西里31楼1801号。

委托诉讼代理人:彭青,北京大成(合肥)律师事务所律师。

被上诉人(原审原告):合肥三原图书出版服务有限公司,住所地安徽省合肥市淮河路372号203室。

法定代表人:彭守晴。

委托诉讼代理人:校甜甜,女,该公司办公室主任。

委托诉讼代理人:彭青,北京大成(合肥)律师事务所律师。

原审被告:徐州石头汤网络科技有限公司,住所地江苏省徐州高新技术产业开发区三堡街道办事处汇河路6号城南工业园。

法定代表人:王传奇。

上诉人应急管理出版社有限公司(曾用名煤炭工业出版社、煤炭工业出版社有限公司,以下简称煤炭出版社)因与被上诉人傅敏、合肥三原图书出版服务有限公司(以下简称三原公司)及原审被告徐州石头汤网络科技有限公司(曾用名沭阳石头汤网络科技有限公司,以下简称石头汤公司)侵害著作权及不正当竞争纠纷一案,不服江苏省宿迁市中级人民法院(2018)苏13民初291号民事判决,向本院提起上诉。本院受理后依法组成合议庭进行了审理,本案现已审理终结。

煤炭出版社上诉请求:撤销一审判决,依法改判驳回被上诉人的全部诉讼请求,诉讼费用由被上诉人承担。事实和理由:(1)上诉人并未侵害傅雷对其作品享有的修改权。修改通常是对已完成的作品形式进行改变的行为。上诉人将傅雷的作品进行删减,但并未修改其书信基本形式和内容,不是法律意义上的修改。上诉人将作品或者作品的片段通过选择或者编排,汇集成新作品,行使的是汇编权,而非修改权。(2)上诉人的行为未构成不正当竞争。《傅雷家书》作为傅雷家书这一种类商品名称,不具有区别商品来源的显著特征,不属于商品的特有名称,他人因客观叙述其商品而正当使用,不构成不正当竞争。不同出版社汇编、出版、发行傅雷家书,虽以《傅雷家书》作为作品名称,但均以汇编人姓名、出版社名称、装帧设计、版式设计等作为区别商品来源的标识,形成不同的版本,不会造成混淆误认。(3)上诉人未侵害三原公司的发行权,一审判决数额明显过高,没有事实依据。首次以销售或者赠与方式转让所有权后,他人对该特定原件或复制件再次发行的,不构成侵害发行权。因家书内容已经公开发表,上诉人使用的行为不能构成著作权法意义上的侵害发行权。同时因该部分内容所占比例较小,被上诉人并未举证证明其损失或上诉人获利情况,应参照《使用文字作品支付报酬办法》的规定赔偿每千字80元。(4)因上诉人书籍内容大多进入公版,其行为并未构成不正当竞争和侵害修改权,停止销售会造成极大的资源浪费。(5)一审判决程序错误,应发回重审。本案中两被上诉人享有的权利主体内容不同,事由不同,且并非共同诉讼主体,一审应分别立案。

傅敏、三原公司二审答辩称:(1)上诉人未经许可将傅雷完整作品肢解成作品片段,再将其组合成新的作品,侵犯了傅雷对作品的修改权。(2)上诉人以《傅雷家书》作为其作品的图书名称,构成不正当竞争。《傅雷家书》作为书名,不仅限于傅雷个人的家信,而是傅雷全家人之间的来往书信。《傅雷家书》已经形成特有的构成要件,主要由楼适夷代序、傅雷夫妇家信、傅聪家信、给儿媳弥拉的英法文信中译本四个方面内容表达要件构成,不可分割,尤其形成了父子之间来往家信双向交流的"特定内容和特定结构"。家书作为家庭成员之间的来往书信,不会成为商品名称。

傅敏、三原公司向一审法院起诉,请求判令:(1)煤炭出版社擅自删改傅雷作品,侵犯了傅雷对其作品的修改权,应立即停止侵权行为并在《中国新闻出版广电报》第三版刊登四分之一版的道歉公告。(2)煤炭出版社故意使用《傅雷家书》知名商品特有名称,与傅敏编写的《傅雷家书》构成不正当竞争,请求判令煤炭出版社停止使用与《傅雷家书》同样的书名印刷、发行涉案图书,赔偿傅敏经济损失 380800 元。(3)煤炭出版社侵犯了三原公司享有著作权的楼适夷著的《读家书,想傅雷》和金圣华译英法文家信的著作财产权,请求判令煤炭出版社停止侵权并赔偿经济损失 100000 元。(4)石头汤公司停止销售涉案侵权版本的《傅雷家书》。(5)煤炭出版社赔偿傅敏、三原公司为制止侵权行为支出的合理维权费用 35000 元并负担本案的诉讼费用。

一审法院查明:

傅雷为我国著名翻译家、文艺评论家,于 1966 年 9 月 3 日去世,其妻朱梅馥于 1966 年 9 月 2 日去世,长子傅聪,次子傅敏。1990 年 1 月 1 日,傅聪与傅敏签订《备忘录》约定:"先父傅雷先生于一九六六年去世,我们兄弟俩傅聪和傅敏为法定继承人,现经我们俩商议决定:一、先父所有著译的在国内、即大陆地区的版权归傅敏拥有"。

译林出版社于 2016 年 6 月出版《傅雷家书》(新课标本),编者傅敏,责任编辑胡晓平,版权页注明"傅雷、朱梅馥、傅聪著,傅敏编"。该书 2016 年 6 月第 1 次印刷版本的字数为 230 千字,定价为 29.8 元。图书封皮载明:傅雷家人亲自编定的家书精选本,以轻松风格反映家书精神,全面展示傅雷家风,再现傅氏兄弟成长的家教背景。所选编傅雷夫妇与傅聪及弥拉的往来家信,内容偏重"人伦日常",少了长篇论述、多了短小故事。这份两代人之间双向交流的文字实录厚重不失轻松、深刻不离日常,以小见大,乐在其中。它不仅反映了亲子交流的重要,也利于广大学子在阅读中理解父辈、增进沟通。书中多幅珍贵照片、楼适夷初版代序、傅聪家信及金圣华中译英法文信件为独家版权,2017 年不随傅雷著作权进入公版，其他任何家书选本不能收录。

江苏文艺出版社于2014年5月出版《傅雷家书全编》（1954—1966），编者傅敏。该书2014年5月第1次印刷版本的字数为537千字，定价为99元。图书出版说明：家书代序“读家书，想傅雷”由楼适夷先生撰写，家书中外文译注和英、法文信由金圣华先生中译，其与家书前言“傅聪家信”之中文简体字版著作财产权均已全部转让我公司，2017年不随傅雷著作权进入公版。因此，《傅雷家书全编》之“保护作品完整权”属傅敏先生独有，受著作权法保护，任何人不得侵犯。三原公司2014年3月。

傅敏委托律师于2010年、2012年、2013年在《中国图书商报》登载关于傅敏编《傅雷家书》的《版权声明》，称傅雷次子傅敏是该书在中国大陆地区的唯一合法版权继承人，傅敏只授权天津社会科学院出版社、江苏文艺出版社出版发行相关书籍。傅敏、三原公司委托律师于2014年、2015年、2016年在《中国出版传媒商报》登载关于傅敏编《傅雷家书》的《版权声明》，称傅雷家书系列由傅敏选编，授权江苏文艺出版社、天津社会科学院出版社、译林出版社出版发行；2017年傅雷著作权进入公版后，傅敏仍享有保护傅雷作品完整权之权利，享有傅雷家书系列之汇编作品著作权；家书代序《读家书，想傅雷》由楼适夷先生撰写，家书中夹杂外文和英法文信由金圣华先生中译，其与家书中“傅聪家信”之中文简体字版著作财产权均已全部转让给三原公司，2017年不随傅雷著作权进入公有领域，自2017年始，《傅雷家书》完整著作权由三原公司独家享有，仍受著作权法保护，任何人不得侵犯。

1981年8月，楼适夷发表傅雷家书代序：《读家书，想傅雷》，三原公司就该作品在安徽省版权局登记申请版权并于2015年12月31日获批。1984年5月，金圣华发表傅雷家书中英文、法文信全部译文，三原公司就该作品在安徽省版权局登记申请版权并于2015年12月31日获批。

2013年8月23日、2014年8月26日、2015年9月1日、2018年5月11日的《中国出版传媒商报》载明，多家出版社出版的《傅雷家书》多次登上图书畅销榜。

煤炭出版社于2017年7月出版《傅雷家书》（新课标 新阅读 教育部推荐读物）（以下简称煤炭出版社版《傅雷家书》），傅雷著，李晨森编。该书2017年7月第1次印刷版本的字数为180千字，定价为23.8元。煤炭出版社版《傅雷家书》收录了1954年至1966年傅雷家人之间的书信，收录的书信在不同程度上对傅雷家人之间的书信内容进行了删减，具体明细见煤炭出版社版《傅雷家书》与原信比对修改程度一览表。该书还收录了楼适夷发表的《读家书，想傅雷》及金圣华翻译的傅雷家人书信中的英文、法文信，具体明细见煤炭出版社版傅雷家书与原信比对修改程度一览表。

煤炭出版社成立于2010年12月29

日，类型：全民所有制企业，注册资本：3396.46万元，经营范围为图书出版等。

本案一审争议焦点：(1)煤炭出版社是否侵犯了傅雷对其作品的修改权。(2)煤炭出版社是否构成不正当竞争行为。(3)煤炭出版社是否侵犯三原公司的复制权、发行权。(4)如煤炭出版社的行为构成侵权，煤炭出版社、石头汤公司应如何承担责任。

一审法院认为：

关于第1个争议焦点。本案中因傅雷夫妇已于1966年去世，其著作财产权保护期现已届满，但其对所创作作品的署名权、修改权保护期不受限制，可由其继承人保护。因傅聪与傅敏签订《备忘录》中明确傅雷所有著译在中国大陆地区的版权均归次子傅敏所有，故傅敏作为傅雷作品著作权的继承人，可以就侵害傅雷修改权的行为提起诉讼主张。本案中，经比对，煤炭出版社未经授权在其出版的图书中对傅雷的书信原文进行了一定程度的删减，破坏了书信原文的完整性，一定程度上影响了书信原文所要表达的内容和情感，属于著作权法意义上的修改，其行为侵犯了傅雷对其作品的修改权。煤炭出版社主张其系对傅雷作品本身的保护出发，隐去了部分内容，隐去的内容煤炭出版社认为是对中学生不感兴趣或者牵涉中央政策等不宜公开的内容及片段，对该部分内容，以"……"标明了位置，但煤炭出版社并未举证证明哪些内容中学生不感兴趣或牵涉中央政策不宜宣传，其应该承担举证不能的不利法律后果，对其答辩意见不予支持。

关于第2个争议焦点。本案中，傅敏版《傅雷家书》经过权利人长达三十余年的宣传推广，在实体书店以及电子商务平台上获得了极高的关注度和赞誉，存在数量庞大的阅读群体。傅敏版《傅雷家书》实体图书多次出版并上榜畅销书榜，因此，傅敏版《傅雷家书》在中国境内具有极高的市场知名度，为相关公众广为知悉，属于《中华人民共和国反不正当竞争法》规定的有一定影响的商品。本案中，傅敏版《傅雷家书》实体图书以"傅雷家书"标识作为商品名称。随着《傅雷家书》知名度和影响力的不断提升，"傅雷家书"作为知名书信体图书名称也逐渐具备了区分同类作品的显著性。时至今日，傅敏版《傅雷家书》已在相关公众间具备了极高的知名度和影响力，"傅雷家书"作为图书名称亦同时与傅敏版《傅雷家书》作品建立起了稳定的对应关系，具备了区别商品来源的显著特征。煤炭出版社主张"傅雷家书"为通用名称的主张不能成立，其在出版的图书上使用"傅雷家书"构成了不正当竞争行为。

关于第3个争议焦点。本案中，三原公司取得了楼适夷发表的《读家书，想傅雷》及金圣华发表的傅雷家书中英文、法文信全部译文的著作权。煤炭出版社未经允许在其出版的涉案图书中使用了《读家书，想傅雷》的内容及傅雷家书中英文、法文信译文的部分内容，构成了对三原公司的复制权和发行权的侵犯。

关于第 4 个争议焦点。本案中，傅敏要求煤炭出版社停止侵犯傅雷作品修改权的行为、不正当竞争行为，三原公司要求煤炭出版社停止侵犯其复制权、发行权行为符合法律规定，予以支持。傅敏、三原公司要求石头汤公司停止销售涉案侵权图书符合法律规定，予以支持。本案中，煤炭出版社除停止侵权行为之外，还应赔偿傅敏、三原公司经济损失。关于煤炭出版社赔偿的数额问题。本案中，傅敏、三原公司主张煤炭出版社出版的图书系正版图书，按照行业规则，其发行的侵权图书的册数至少为 20000 册，但其并未举证证明，故对其主张的计算方式不予支持。至于具体的赔偿数额，鉴于现有证据不足以证明傅敏、三原公司经济损失或煤炭出版社侵权获利的具体数额，综合考虑以下因素予以酌定：傅雷及《傅雷家书》的知名度、《傅雷家书》的销售排行情况、傅敏、三原公司因本案支出的合理维权费用、傅雷书信于 2017 年 1 月 1 日起已过著作权保护期限、煤炭出版社的主观过错程度及对傅敏、三原公司分别享有权利的作品的侵权字数、煤炭出版社出版的图书销售价格等，分别判定煤炭出版社赔偿傅敏经济损失 10 万元（含合理维权费用），赔偿三原公司经济损失 2 万元（含合理维权费用）。关于傅敏、三原公司主张的赔礼道歉的诉讼请求，因傅敏、三原公司并未举证证明煤炭出版社的行为对其名誉造成了损害，故对该诉讼请求不予支持。

综上，傅敏、三原公司诉请煤炭出版社、石头汤公司立即停止侵犯其著作权的行为，并赔偿经济损失，符合法律规定，予以支持。同时根据本案情况，对傅敏、三原公司诉请的赔偿数额依法予以适当调整。依照《中华人民共和国侵权责任法》第六条、第七条、第十五条，《中华人民共和国著作权法》第十条、第二十条、第四十九条，《中华人民共和国著作权法实施条例》第十五条，《中华人民共和国反不正当竞争法》第二条、第六条、第十七条，《最高人民法院关于审理著作权民事纠纷案件适用法律若干问题的解释》第二十五条之规定，一审法院判决：（一）煤炭出版社立即停止侵犯傅雷对其作品的修改权；（二）煤炭出版社立即停止使用与《傅雷家书》同样的书名印刷、发行图书的不正当竞争行为；（三）煤炭出版社立即停止侵犯合肥三原图书出版服务有限公司对楼适夷著的《读家书，想傅雷》和金圣华译傅雷家书中英文、法文信的著作权；（四）煤炭出版社赔偿傅敏经济损失（含合理维权费用）10 万元，煤炭出版社赔偿合肥三原图书出版服务有限公司经济损失（含合理维权费用）2 万元；（五）沭阳石头汤网络科技有限公司停止销售涉案煤炭出版社出版的《傅雷家书》；（六）驳回傅敏、合肥三原图书出版服务有限公司的其他诉讼请求。如未按照判决指定的期间履行给付金钱义务，应当依照《中华人民共和国民事诉讼法》第二百五十三条之规定，加倍支付迟延履行期间的债务利息。一审案件受理费 8958 元，由傅敏、合肥三原图书出版服务有限公司负担6000元，煤炭工业出版社负担2958元。

双方当事人二审均未提交新证据。

一审法院查明的事实均有证据证实，本院予以确认。

二审另查明：

根据《中国出版传媒商报》记载，《傅雷家书》多次登上图书畅销榜，其中包括译林出版社出版的《傅雷家书（新课标本）》《傅雷家书（经典译林）（精装版）》、江苏文艺出版社出版的《傅雷家书》《傅敏编傅雷家书》、天津社会科学院出版社出版的《傅雷家书》。

本案二审争议焦点为：（1）煤炭出版社是否侵害了傅雷对其作品的修改权；（2）被控侵权图书使用《傅雷家书》作为书名，是否构成不正当竞争；（3）煤炭出版社是否侵害三原公司的发行权；（4）如构成侵权，一审判决确定的民事责任是否适当；（5）一审程序是否违法。

本院认为：

一、煤炭出版社未侵害傅雷对其作品的修改权

修改权是指修改或者授权他人修改作品的权利，修改是对作品内容作局部的变更以及文字、用语的修正。汇编权是指将作品或者作品的片段进行选择或者编排，汇集成新作品的权利。《中华人民共和国著作权法》第十四条规定："汇编若干作品、作品的片段或者不构成作品的数据或者其他材料，对其内容的选择或者编排体现独创性的作品，为汇编作品，其著作权由汇编人享有，但行使著作权时，不得侵犯原作品的著作权。"根据上述规定，未经许可汇编他人作品或其片段的行为，侵害的是被汇编作品或其片段作者的汇编权。但当被汇编的作品保护期届满进入公有领域之后，公众可以自由汇编该些作品，但不得侵害被汇编作品作者的署名权、修改权和保护作品完整权等保护期不受限制的人身权利。一般而言，汇编进入公有领域的作品或作品片段时，如果对其中的内容作出局部的变更以及文字、用语的修正，则属于侵害原作品作者的修改权；如果只是节选原作品的片段，并未对作品片段中的内容作出任何改动，则不应认定侵害原作品作者的修改权，否则将导致进入公有领域的作品，他人无法基于某种主题选择对作品的片段进行汇编，这显然不利于进入公有领域的作品以不同形式进行再次利用与传播，也将导致著作权法规定的对作品片段进行汇编的权利在事实上被架空。当然，如果汇编的作品片段实质性地改变了作者在作品中原本要表达的思想和情感，导致作者声誉受到损害的，则应当纳入侵害原作品作者保护作品完整权的调整范围。

本案中，被控侵权图书将进入公有领域的傅雷夫妇家信进行汇编，因傅敏的诉请仅涉及侵害傅雷对其作品的修改权，故本院只针对傅雷的家信进行评述。将被控侵权图书选择的傅雷家信与原书信相比，虽然存在删节，但并未对选取的家信内容作出任何变更或文字、用语的修正，因此未侵害傅雷对其作品的修改权。至于被控侵权图书将原家信内容删减后进行汇编，是

否存在歪曲、篡改作者原意及思想感情等有损作者声誉的情形，作为傅雷继承人的傅敏并未以保护作品完整权主张，也未能对此进行说明。傅敏认为有个别家信因为删减，导致保留的文字不像家信，更像是说教，不利于读者接受的主张，仅是其个人的主观推测。综上所述，本案被控侵权图书对傅雷家信片段进行汇编，属于合理行使汇编权，未侵害傅雷对其作品的修改权。煤炭出版社对此的上诉理由成立，本院予以支持，一审判决关于煤炭出版社的行为侵害了傅雷对其作品修改权的认定有误，本院予以纠正。

二、被控侵权图书使用《傅雷家书》作为书名，不构成不正当竞争

煤炭出版社出版发行的《傅雷家书》是否构成不正当竞争，关键在于傅敏汇编的《傅雷家书》是否构成《中华人民共和国反不正当竞争法》规定的"有一定影响的商品名称"。构成"一定影响的商品名称"一般需要具备两个条件：一是该商品名称具有一定的知名度，为相关公众所知悉；二是该商品名称具有区别商品来源的显著特性，即特有性。

就第一点而言，"傅雷家书"作为图书名称具有一定影响力。图书进入市场流通即成为一种商品，书名既是作品名称，也是图书的商品名称。傅敏提供的证据能够证明《傅雷家书》多次登上图书畅销榜，在图书市场具有较高的知名度，为相关公众所知悉。就第二点而言，"傅雷家书"不具有区分商品来源的显著特性。主要理由：

其一，家书是指家庭成员之间的往来书信，"傅雷家书"是对傅雷家人之间往来书信的描述性使用，不具有显著性。即使使用"傅雷家信"或"傅雷的家信"等表述方式，与"傅雷家书"依然构成近似。虽然也可以使用"傅雷夫妇写给孩子们的信"或"傅雷书信加副标题"等方式命名，但书名通常是对作品内容高度精练的概括，使用如此冗长的书名不符合一般图书的命名习惯。因此，"傅雷家书"是对傅雷家信类作品命名的限制性表达，其本身不具有识别图书商品来源的作用，不能成为某一市场主体享有权利的特有名称，除非能够证明该图书名称通过使用获得了显著特征，起到了区分图书来源的作用。

其二，"傅雷家书"能否认定通过使用成为图书商品来源的标识，需要结合《傅雷家书》的出版发行情况、相关公众的认知等因素综合判断。图书作为一种特殊的商品，对图书的来源进行识别一般是通过作者或出版单位来实现的。本案中，首先，《傅雷家书》是一部汇编作品，汇编作品的著作权归属于汇编者；同时其更是一部书信体自传作品，书信作品的著作权归属于书写作者傅雷等人。涉案图书书名由汇编者傅敏命名，其对《傅雷家书》享有的知名度作出一定贡献。但该图书之所以成为深受读者喜爱的畅销书，对公众产生巨大的影响力和商誉，主要源自该书信体自传作品的作者傅雷及作品反映的傅雷家风及家教背景等具体内容。相关读者看到图书书名"傅雷家书"通常想到的是傅雷或该图

书的内容是傅雷的家书，而不是联想到该图书来源于汇编者傅敏。其次，傅敏基于与傅雷的特殊身份关系获得傅雷家人书信的汇编权，在傅雷夫妇家信未进入公有领域之前，并无他人能够获得相应的授权。而傅敏授权多家出版社出版发行《傅雷家书》，荣登图书畅销榜的版本亦涉及多家出版社，故相关公众并不能通过“傅雷家书”这一图书名称识别该图书来源于哪家出版社。因此，“傅雷家书”并未通过使用达到将这一图书名称指向汇编者傅敏的程度。

其三，傅敏认为“傅雷家书”作为书名，不仅限于傅雷个人的家信，而是傅雷全家人之间的来往书信，尤其形成了父子之间来往家信双向交流的特定内容与结构，进入公有领域的仅是傅雷夫妇的家信，使用“傅雷家书”作为书名，容易导致读者的误认、误购。对此本院认为，《中华人民共和国反不正当竞争法》保护“有一定影响的商品名称”，目的在于保护区分商品来源的商业标识。从文义上看，“傅雷家书”的含义不仅可以理解为傅雷写给家人的书信，亦可以理解为傅雷与其家人之间的书信。傅敏汇编的《傅雷家书》本身亦是包含了上述两种含义。因此，其不能在傅雷夫妇的家信进入公有领域后，限制他人汇编作品时使用“傅雷家书”进行命名。如前所述，“傅雷家书”是对傅雷此类家信作品的有限表达，在不侵害作者署名权、修改权及保护作品完整权的前提下，汇编进入公有领域的傅雷家信时，可以使用“傅雷家书”作为书名，否则一旦造成原汇编者对书名的不当垄断，必将阻碍进入公有领域作品的使用与传播。

其四，傅敏认为如果不将“傅雷家书”作为知名图书商品的名称予以保护，会导致傅雷撰写的其他书信及文章等不属于傅雷家书内容的作品仍冠之以《傅雷家书》，从而误导读者购买，损害消费者利益。对此本院认为，本案被控侵权图书汇编的均是傅雷夫妇的家书，并不存在上述傅敏所称情形，但对于将傅雷撰写的给友人的书信或其他文章等不属于傅雷家书的内容进行汇编却命名为《傅雷家书》的行为，作为汇编傅雷家书的同业竞争者可以通过《中华人民共和国反不正当竞争法》规定的虚假宣传或诚实信用原则等条款获得救济和保护，而非必须以“有一定影响的商品名称”予以规制。

综上，煤炭出版社将汇编的傅雷家信命名为《傅雷家书》，是对该作品内容客观表述的正当使用，不构成不正当竞争，其对此的上诉理由成立，一审判决认定“傅雷家书”构成有一定影响的商品名称有误，本院予以纠正。

三、煤炭出版社侵害了三原公司的发行权

煤炭出版社对一审判决认定其侵害三原公司的复制权并无异议，但认为作品首次销售或者赠与后，他人对该特定原件或复制件再次发行的，不构成侵害发行权。对此本院认为，煤炭出版社上述不侵权抗辩援引的是“发行权一次用尽”原则。该原则是指合法获得作品原件或复制件所有权的人可以不经著作权人的许可将其再次出售或赠与，即著作权人对特定作品原件或复制件的发行权在该特定原件或复制件首次被合法出售或赠与后即用尽。该原则适用的前提是作品复制件应当是经著作权人许可或根据法律规定合法制作的。本案中，煤炭出版社未经三原公司的授权，在其出版的涉案图书中使用楼适夷的《读家书，想傅雷》及傅雷夫妇给弥拉的英法文书信中译文的部分内容，向公众出售，该部分作品复制件属于未经著作权人许可非法制作的复制件，故煤炭出版社无权援引"发行权一次用尽"原则，一审判决认定其侵害三原公司的发行权，并无不当。

四、一审判决煤炭出版社应承担的民事责任并无不当

首先，在煤炭出版社出版发行的《傅雷家书》构成对三原公司复制权和发行权侵害的情况下，一审判决停止销售被控侵权图书并无不当。

其次，一审判决煤炭出版社赔偿三原公司2万元亦无不当。本案中，三原公司因侵权所遭受的损失及煤炭出版社的侵权获利均无法查清，一审判决适用法定赔偿，符合法律规定。一审法院综合考虑煤炭出版社的主观过错程度、三原公司享有权利作品的侵权字数、三原公司因本案支出的合理维权费用、煤炭出版社出版的图书销售价格等因素，酌情确定煤炭出版社赔偿三原公司经济损失2万元（含合理维权费用）并无不当。对实施侵权行为需承担的赔偿责任，不能等同于合法使用他人作品应支付的报酬，故煤炭出版社认为应参照《使用文字作品支付报酬办法》的规定确定本案赔偿额的主张缺乏依据，本院不予采纳。

五、一审程序并不违法

《最高人民法院关于适用〈中华人民共和国民事诉讼法〉的解释》第二百二十一条规定，基于同一事实发生的纠纷，当事人分别向同一人民法院起诉的，人民法院可以合并审理。本案中，傅敏、三原公司均是基于煤炭出版社出版的《傅雷家书》构成侵权提起的诉讼，虽然侵害的权利有所不同，存在多个法律关系，但属于基于同一事实发生的纠纷，一审法院合并审理并不违反上述规定。故煤炭出版社认为本案应分别立案，一审程序错误的上诉理由不能成立，本院不予支持。

综上，煤炭出版社关于其未侵害傅雷对作品享有的修改权及其行为不构成不正当竞争的上诉理由成立，本院予以支持，其他上诉理由不能成立，应予驳回。一审判决认定事实清楚，但适用法律不当，应予改判。依照《中华人民共和国著作权法》第十条、第十四条、第十九条、第二十条、第四十八条、第四十九条，《中华人民共和国著作权法实施条例》第十五条，《中华人民共和国反不正当竞争法》第六条，《最高人民法院关于审理著作权民事纠纷案件适用法律若干问题的解释》第二十五条，《中华人民共和国民事诉讼法》第一百七十条第一款第二项，《最高人民法院关于适用〈中华

人民共和国民事诉讼法〉的解释》第二百二十一条之规定，判决如下：

一、维持江苏省宿迁市中级人民法院(2018)苏13民初291号民事判决第三、五、六项及案件受理费部分；

二、撤销江苏省宿迁市中级人民法院(2018)苏13民初291号民事判决第一、二项；

三、变更江苏省宿迁市中级人民法院(2018)苏13民初291号民事判决第四项“煤炭工业出版社赔偿傅敏经济损失(含合理维权费用)10万元，煤炭工业出版社赔偿合肥三原图书出版服务有限公司经济损失(含合理维权费用)2万元”为“应急管理出版社有限公司赔偿合肥三原图书出版服务有限公司经济损失(含合理维权费用)2万元”。

二审案件受理费2700元，由应急管理出版社有限公司负担400元，傅敏负担2300元。

本判决为终审判决。

审 判 长　袁　滔
审 判 员　曹美娟
审 判 员　施国伟

法官助理　李　馨

二〇二〇年五月六日

书 记 员　杨　蕾